미국 부동산 트렌드 2025

일러두기

이 책의 맞춤법과 외래어표기법은 국립국어원의 규칙에 따랐습니다.
다만 이해를 돕기 위하여 일부 용어는 대중적으로 사용되거나 업계에서 통용되는 표현을
따랐습니다.

트럼프 2.0 시대,
새로운 사이클의 기회를 선점하라!

미국 부동산 트렌드

U.S. REAL ESTATE TREND 2025

김효지 지음

EDEN HOUSE

들어가는 말

2025년,
왜 미국 부동산이어야 하나?

미국 부동산 시장은 단순한 한 국가의 부동산 시장이 아니다. 글로벌 경제의 상호 연결성으로 세계 경제의 영향을 받는 거대한 글로벌 네트워크 시장이다. 미국 부동산 시장은 전 세계의 투자자들을 끌어들이며 막대한 글로벌 자본을 유치하고 있다. 다시 말해, 미국 부동산 시장은 글로벌 자본이 집중되는 시장이다.

그렇다면 왜 글로벌 투자자들은 미국 부동산 시장에 진출하는 걸까?

미국은 세계 최대 규모의 경제와 함께 안정적인 부동산 시장을 형성한다. 다른 국가의 정치적, 경제적인 불안정성에 비해 안정적인 미국의 투자 환경과 투명한 제도, 강력한 세금 혜택 그리고 안정적인 미국 달러 확보 등의 이유로 많은 글로벌 투자자가 미국 부동산 시장에 진출하고 있다.

미국은 외국인이 미국 부동산을 소유하는 데 거의 제약이 없으며 세금 규정 또한 외국인 투자자에게 유리하게 설계되어 있다. 또한 소비와 투자를 장려하는 제도를 근간으로 하기 때문에 미국에는 다양한 금융 상품이 많을 뿐만 아니라 미국 부동산 투자에 대한 세금 혜택 역시 강력하다. 이러한 요인들은 미국을 세계에서 가장 안전하고 안정적인 부동산 시장으로 자리 잡게 한 원동력이 되었다.

글로벌 투자자들은 자국의 정치나 경제가 불안정할 때 자본을 분산할 목적으로 미국 부동산 시장에 진출하는 경향이 두드러지며, 자국의 통화 가치가 불안정할 때 미국 부동산에 투자하여 미국 달러를 보유하려는 경향이 있다.

증가하는 한국 투자자들

한국의 부동산 시장은 고금리, 규제 강화, 인구 감소 등의 요인으로 불확실성과 변동성이 커지고 있다. 이에 따라 기업과 개인 투자자들이 안정적인 투자처를 찾기 위해 미국 부동산 시장으로 눈을 돌리는 사례가 증가하고 있다.

'미국 부동산중개인협회'에서는 매년 '국제거래보고서'를 통해 외국인 투자자의 국적과 거래 규모를 발표한다. 이 보고서에 따르면, 2023년까지 한국 투자자의 비중은 미미한 수준이었으나, 2024년에는 아시아 국가 중 한국인의 투자 비율이 증가한 것으로 추정된다. 이는 한국 대기업들의 미국 시장 진출이 활발해진 것과 더불어, 개인 투자자들이 국내 시장의 불확실성을 헤지하고 포트폴리오를 다각화하기 위해 미국 부동산 시장에 적극적으로 진출한 결과로 해석할 수 있다.

이러한 흐름 속에서 2025년, 트럼프 2기 행정부가 리쇼어링 정책을 본격적으로 추진할 경우, 글로벌 투자자들의 미국 부동산 시장 진출은 더욱 가속화할 것으로 보인다. 따라서 한국 기업과 개인 투자자들은 미국 부동산 시장의 거시적 변화와 정책 방향을 면밀히 분석하고, 새로운 투자 기회를 적극적으로 모색할 필요가 있을 것이다.

트럼프 2.0 시대, 이제 미국 부동산 시장의 새로운 사이클이 시작된다. 이 책을 통해 생생한 미국 현지 부동산 시장의 새로운 사이클을 경험하고 다가오는 기회를 선점하기 바란다.

이 책을 읽기 전에

트럼프 2.0 시대, 미국 부동산 시장의 새로운 사이클이 시작된다!

'미국 부동산 트렌드' 시리즈 두 번째 책을 출간하게 되었다. 지난 2024년에 출간된 『미국 부동산 트렌드 2024』에서 다루었던 내용을 제외하고 예상하지 못했던 주요 이슈들을 이 책의 1장에서 정리해 보면서 2025년의 미국 부동산 시장에 어떠한 영향을 미칠지 짚어보았다.

2024년, 미국 부동산 시장은 금리 상승과 경제 불확실성 속에서 많은 변화를 겪었다. 많은 사람들이 높은 모기지 금리로 주택 구매를 미루었고, 기존 주택 소유자들은 낮은 금리를 유지하기 위해 매물을 시장에 내놓지 않았다. 그 결과, 주택 공급은 완전히 회복되지 못했고 거래량은 감소했다. 반면 가격은 완만한 우상향으로 유지되었다. 이러한 주택 시장의 불균형 속에서도 초고가 주택 시장은 예상 밖의 성장세를 보였다. 일반 주택 시장이 금리 부담으로 위축된 반면, 고액 자산가들은 모기지 대출 없이 현금 거래를 선호하며 초고가 주택 시장에서 활발한 매매를 이어갔다.

한편, 2024년 8월 17일부터 시행된 미국 부동산 중개 수수료 개편은 시장의 경쟁 구도를 크게 바꾸고 있다. 기존의 고정된 수수료 체계가 무너지면서, 미국 부동산 중개업계는 새로운 환경에 적응해야 하는 상황에 놓였다. 또한 팬데믹 이후 재택근무가 확산되면서 대도시의 오피스 공실률이 사상 최고치를 기록했고, 이에 따라 상업용 부동산 시장은 심각한 위기를 맞이했다. 여기에 금리 상승으로 인한 대출 부담까지 더해지면서 오피스 빌딩의 가치 하락이 가속화되었다. 설상가상으로 미국의 기후 변화와 인플레이션으로 주택 보험료가 급등하면서, 구매자들에게 또 다른 부담이 되고 있다. 이에 따라 주택 유지 비용이 증가하고, 해당 지역 주택 시장에 미치는 영향도 점점 커지고 있다.

이러한 시장 환경에서 2024년 하반기에 경제 성장의 둔화와 금리의 인하가 교차하면서 연준은 지난해 9월 처음으로 기준금리 인하를 발표하였고 미국 부동산 시장의 새로운 전환점을 기대할 수 있었다. 이러한 금리 인하의 조짐은 긴축의 정점에서 벗어나 회복되는 시장으로 전환될 가능성을 보여주고 있다. 하지만 여전히 낮은 재고 수준과 높은 주택 가격이 걸림돌로 작용하고 있어 미국의 주택 시장은 지역별로 다른 시장 사이클을 형성할 것으로 보인다. 2025년의 미국 주택 시장의 가장 중요한 변수는 매물의 공급과 금리에 의해 좌우된다고 할 수 있다. 이를 바탕으로 이 책의 2장에서는 2025년 미국 주택 시장의 전망에 대해 상세히 다루었다.

2025년 미국 부동산 주요 쟁점

2025년 미국 부동산 시장은 큰 변화를 맞이할 것으로 보인다. 특히 트럼프 대통령의 재선과 함께, 그의 규제 완화 중심 정책이 본격적으로 시행되면서 미국 부동산 시장에도 상당한 영향을 미칠 전망이다. 트럼프 2기 행정부는 세금 감면, 대출 규제 완화, 기업 유치 확대 등을 통해 경제를 활성화할 것으로 예상된다. 이러한 정책 변화는 특히 상업용 부동산 시장에 큰 영향을 줄 것이다. 기업 환경이 보다 유연해지고 대출 완화 정책으로 금융 접근성이 좋아지면서, 오피스, 물류 창고 등과 같은 유형의 회복과 성장이 기대된다. 또한, 글로벌 투자자들의 미국 부동산 시장 유입도 더욱 가속화될 것으로 예상된다.

글로벌 정세가 불확실한 가운데, 자본을 안전한 곳에 두려는 부유층과 투자자들이 미국을 최선호 투자처로 다시 선택할 것으로 예상된다. 2024년 동안 높은 금리와 경제 불확실성으로 주춤했던 글로벌 투자자들이 2025년에는 다시 미국 부동산 시장으로 돌아올 것이라는 전망이 우세하다. 특히 트럼프 2기 행정부의 감세 정책과 경제 활성화 전략이 더해지면, 주택뿐만 아니라 상업용 부동산 시장에서도 투자 기회가 더욱 확대될 것이다. 이 책의 3장에서는 트럼프 2기 행정부의 정책 변화가 미국 부동산 시장에 미칠 영향을 심층 분석하고, 2025년 가장 주목해야 할 부동산 유형과 투자 기회를 분석했다.

미국 부동산 시장 이해를 돕는 세밀한 시장 분석

2025년 미국 부동산 시장을 깊이 이해하려면, 각 지역 시장의 경제적·사회적 환경을 고려한 세밀한 분석이 필요하다. 이에 따라 이 책의 4장에서는 미국 부동산 시장을 마그넷 시장, 확립된 시장, 니치 시장, 백본 시장의 네 가지 지역 시장으로 분류하여 각 지역 시장의 특징과 전망을 분석하고, 어떤 지역이 2025년에 가장 주목해야 할 투자처가 될지 심층적으로 다루었다. 특히 선벨트 지역의 강세와 확립된 시장의 변화를 집중 조명하고, Cap Rate와 ROI 분석을 통해 가장 수익성이 높은 시장을 선정해, 투자자들에게 최적의 투자 전략을 제시했다.

2025년 미국 부동산 시장은 역동적인 변화를 맞이할 것으로 예상되며, 지역별로 각기 다른 새로운 사이클을 맞이할 것이다. 이런 변화 속에서 가장 중요한 것은 시장의 변화를 읽고, 지속적으로 성장할 수 있는 투자 전략을 세우는 것이다.

2025년은 불확실성이 커진 글로벌 시장 속에서 미래를 예측하고 기회를 선점하는 것이 그 어느 때보다 중요하다. 이 책이 새로운 사이클에 대비하는 투자자에게 미국 부동산 시장의 핵심 트렌드를 이해하고, 글로벌 투자자로서 효과적인 전략을 수립하는 데 도움이 되는 지침서가 되길 바란다.

미국 부동산 트렌드 2025

트럼프 2.0 시대, 새로운 사이클의 기회를 선점하라!

들어가는 말
2025년, 왜 미국 부동산이어야 하나? 004

이 책을 읽기 전에
트럼프 2.0 시대, 미국 부동산 시장의 새로운 사이클이 시작된다 007

1장   2024년 미국 부동산 시장 리뷰
2024년 미국 부동산 시장의 주요 이슈 짚어본다!

1. 미국 주택 시장, 공급 부족 속 가격 상승 017
2. 초고가 주택 시장, 뜻밖의 호황을 맞다 020
3. 미국 부동산 수수료 개편, 미국 부동산 시장의 새로운 패러다임 023
4. 상업용 부동산, 공실 증가와 대출 부담 속 위기 직면 029
5. 미국 주택 보험료 상승, 주택 구입 부담 가중되다 038

2장   2025년 미국 주택 시장 전망
금리의 변화, 미국 주택 시장 반등되나?

1. 모기지 금리, 어떻게 움직일까? 047
2. 고용시장 변화, 미국 부동산 시장에 어떤 영향을 미칠까? 067

3. 미국 주택 시장, 가격 하락인가? 완만한 상승인가?   073
4. 미국 임대 시장, 임대료의 마지막 기회인가?   095

3장 트럼프 2.0 시대, 2025년 미국 부동산 시장의 새로운 사이클

정책 변화가 이끄는 미국 부동산의 미래

1. 미국 부동산의 유형별 트렌드와 사이클의 변화   105
2. 글로벌 투자자들의 움직임, 어디로 향하는가?   126
3. 트럼프 2.0 시대, 새로운 정책에 따른 미국 부동산 시장의 미래   142

4장 2025년 주목해야 할 미국 부동산 지역별 시장 분석

어디에 투자해야 하는가? 가장 유망한 지역별 시장 전망

1. 마그넷 시장, 확립된 시장, 니치 시장, 백본 시장   201
2. 2025년 주목해야 하는 미국 부동산 지역별 시장 변화   213
3. 인구 변화에 따른 미국 부동산 시장의 미래 전망   220
4. 국제 투자자들이 선호하는 미국 부동산 지역 시장 분석   228
5. 2025년 신규 건축이 활발한 상위 10개 시장 유형 및 전망   234
6. 2025년 투자 수익성이 좋은 상위 10개 지역 시장 분석   242

에필로그
트럼프 2.0 시대, 새로운 사이클의 기회를 선점하라!   256

제 1 장

2024년 미국 부동산 시장 리뷰

2024년 미국 부동산 시장의
주요 이슈 짚어본다!

U.S. REAL ESTATE TREND 2025

INTRO

2024년은 2022년부터 시작된 고금리와 고물가의 긴 여정을 거치며 모든 미국인과 부동산 시장 참여자들이 연방준비제도(이하 연준)의 금리 인하를 기다리며 불확실한 미래를 염려했던 한 해였다.

『미국 부동산 트렌드 2024』에서도 전망을 해보았듯이 2024년은 주택을 소유하고 있는 주택 소유자들이 높은 모기지 금리로 주택을 갈아타는 것을 꺼려해 움직이지 않는 '고정 효과'가 지속되었다. 따라서 주택 공급이 많이 증가하지 못하여 주택 구입 비용은 상승하고 주택 가격 역시 완만하게 상승했다.

이제 2025년을 앞두고 미국 부동산 시장이 어떻게 변화할지, 그리고 새롭게 떠오를 주요 이슈들은 무엇인지 살펴 볼 시점이다. 이에 앞서, 2024년 미국 부동산 시장에서 경험했던 주요 이슈들을 되짚어보는 것이 2025년 미국 부동산 시장을 전망하는 데 도움이 될 것이다. 1장에서는 2024년 미국 부동산 시장에서 주목할 만했던 주요 이슈들을 되짚어 보겠다.

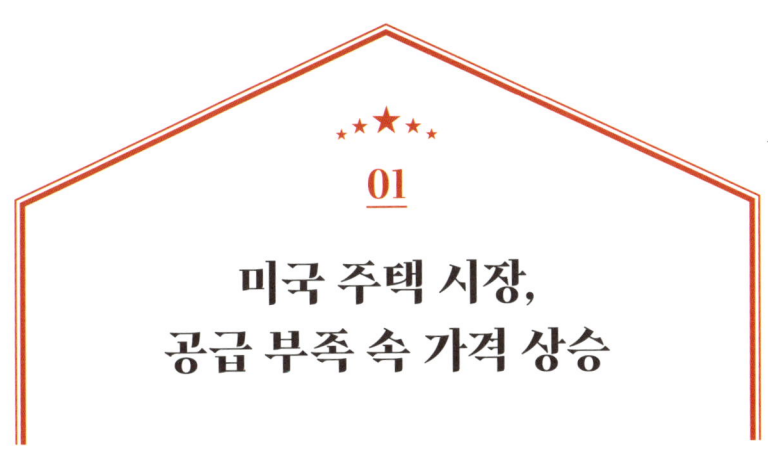

01
미국 주택 시장, 공급 부족 속 가격 상승

지난 책인 『미국 부동산 트렌드 2024』에서 2024년의 미국 부동산 시장에 대해 예측을 하면서, 2024년은 모기지 금리가 하반기에 하락할 수 있으나 여전히 높을 것이고 주택 재고도 부족해 미국 전체의 주택 가격은 완만하게 상승할 것으로 전망했다.

    지난 9월에 발표된 질로우Zillow[*] 보고서를 살펴보면 2024년 9월 모기지 금리가 하락하고 주택 재고가 늘어나면서 많은 잠재 구매자가 더 많은 주택을 구매할 수 있게 되었다. 질로우는 지난

---

[*] 부동산 매매, 임대, 주택 가치 평가 등 다양한 서비스를 제공하며, 미국에서 가장 인기 있는 온라인 부동산 플랫폼 중 하나.

2024년 8월 이후로 미국 전역의 주택 매물이 22% 증가했다고 보고했다. 이는 팬데믹 이전 수준보다는 여전히 낮은 수치이지만 그래도 재고가 증가했으니 구매자들이 선택할 수 있는 주택의 수가 많아진 것이다. 그러나 더 많은 재고와 낮아진 모기지 금리에도 불구하고 거래 건수는 늘지 않고 있다.

레드핀Redfin*에 따르면, 계약이 진행 중인 주택 매매 건수는 1년 전 같은 기간보다 8.4% 줄었다. 이는 시장이 여전히 회복 중이라는 것을 보여준다.

모기지 금리 하락과 재고 증가는 분명 구매자들에게 유리한 조건을 제공하고 있지만 거래량 감소와 같은 시장의 불확실성도 여전히 존재하고 있다. '미국 부동산중개인협회NAR: National Association of Realtors'에서 발표한 기존 주택 판매 데이터에 따르면, 8월 주택 판매는 전월 대비 2.5% 감소했고, 지난해 같은 기간과 비교해서도 4.2% 감소했다. 이유는 고금리와 집값 상승으로 판매자가 집을 시장에 내놓지 않는 '고정 효과' 때문에 기존 주택의 공급이 부족해졌고, 주택 구입 비용이 올라가니 유효 수요가 적어져 거래량 자체가 감소한 것이다. 그나마 신규 주택 시장은 비교적 양호한 상황이지만 신규 주택이 시장에서 차지하는 비중이 작기 때문에 전체 시장에 미치는 영향은 크지 않다.

---

* 부동산 매매 및 임대 서비스를 제공하는 기술 기반의 부동산 중개 회사.

미국 조지아주 기존 주택 거래량

출처: GAMLS

미국 조지아주 기존 주택 거래량 YOY

출처: GAMLS

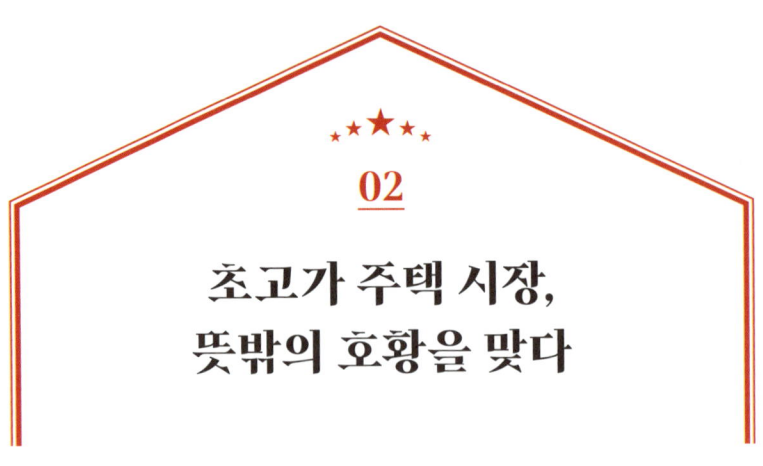

02
초고가 주택 시장, 뜻밖의 호황을 맞다

2024년 7월 31일에 발표된 질로우의 보고서에 따르면, 지난 수년 동안 미국 중간 가격대의 주택보다 낮은 가격 상승을 보였던 고급 주택이 2024년 상반기에는 5개월 연속으로 중간 가격대의 주택보다 많이 가격이 상승하는 뜻밖의 상황이 나타났다.

 미국의 고급 주택 가치는 2023년보다 3.9% 상승했는데, 반면 일반 주택의 가치는 3.2% 상승했다. 2019년 1월부터 2024년 1월까지의 질로우 데이터를 기준으로 살펴보면, 매월 일반 주택의 가치 상승률은 연간 기준으로 고급 주택의 가치 상승률을 초과했으나, 2024년 상반기에는 매월 고급 주택 가치가 더 빠르게 상승했다. 이유는 지난 몇 년 동안 미국 주택 가격이 급등하여 순자산이 증가한 기존 주택 소유자들이 소유한 주택을 팔고 재구매하는 과정에서 현금으로 지불하고 구매하는 경우가 많았기 때문이다. 그러다 보니 높은 모기지 금리의 영향을 받지 않았고 고급 주택의 재고가 부족한 상황이 지속되었다. 고급 주택 재고는 2023년 대비 15.7% 증가했지만 팬데믹 이전보다 여전히 46.9% 낮고 일반 주택 재고는 2023년 대비 22.7% 증가했지만 여전히 팬데믹 이전보다 32.6% 낮다.

    2024년 상반기에는 미국 조지아주 메트로 애틀랜타에서도 고급 주택 시장이 꽤 활황이었다. 비교적 침체된 2023년 이후에도 메트로 애틀랜타에서는 100만 달러에서 250만 달러 사이의 고급 주택 판매가 32% 증가했고 매물도 35% 이상 증가했다. 250만 달러 이상의 고급 주택도 판매가 증가했는데, 이는 주로 뉴욕주나 플로리다주 등 타 주에서 새로이 유입되는 사람들이 많았기 때문이다. 이들은 메트로 애틀랜타의 고급 주택 시장에 강력한 유효 수요로 더해졌다.

미국 대도시별 고급 주택 가치 상승 변화

대도시 지역	일반적인 고급 주택 가치	고급 주택 가치 전년 대비 변화	고급 주택 판매용 재고 변화	가격 인하된 고급 주택 비율	고급 주택의 계약 체결까지의 중간값
미국 전체	$1,619,685	3.90%	15.70%	1.40%	24일
뉴욕, NY	$3,483,722	2.20%	-4.40%	0.50%	57일
로스앤젤레스, CA	$4,642,958	3.50%	35.50%	2.10%	31일
시카고, IL	$1,343,781	5.60%	0.50%	-0.40%	13일
댈러스, TX	$1,635,382	5.3%	32.60%	5.40%	22일
휴스턴, TX	$1,415,411	4.80%	0.00%	2.10%	23일
워싱턴, DC	$2,029,263	3.40%	11.30%	-3.50%	11일
필라델피아, PA	$1,269,418	4.60%	14.40%	2.20%	8일
마이애미, FL	$4,077,925	2.90%	15.00%	1.40%	83일
애틀랜타, GA	$1,457,787	5.00%	16.80%	1.40%	23일
보스턴, MA	$2,698,471	5.80%	13.70%	-0.70%	17일
피닉스, AZ	$2,037,033	7.10%	19.10%	6.20%	39일
샌프란시스코, CA	$4,298,273	1.10%	-4.00%	-1.00%	16일
리버사이드, CA	$1,692,781	4.60%	21.80%	-0.50%	35일
디트로이트, MI	$903,679	3.70%	11.00%	0.60%	7일
시애틀, WA	$2,927,108	4.50%	3.20%	0.30%	9일
미니애폴리스, MN	$1,188,521	0.90%	15.90%	2.30%	26일
샌디에이고, CA	$3,799,265	5.90%	17.30%	-2.70%	24일

출처: 질로우

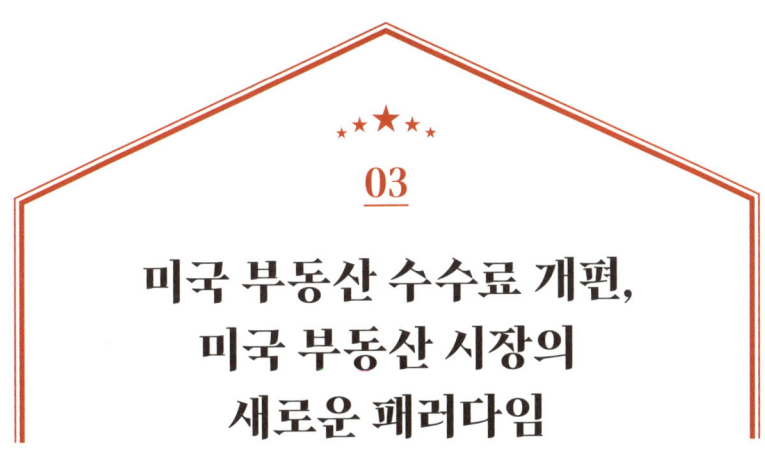

03
미국 부동산 수수료 개편, 미국 부동산 시장의 새로운 패러다임

2019년에 버넷/시쳐Burnett/Sitzer는 미국 부동산 수수료가 다른 선진국들에 비해 너무 높은 것에 불만을 가지고 미국 부동산중개인협회와 미국의 대형 부동산 회사들을 상대로 미주리주 연방 지방 법원에 집단 소송을 제기했다. 이에 2023년 10월에 미주리주 연방 지방 법원의 배심원들은 주택 판매자가 부동산 중개인에게 부풀려진 수수료를 지불하도록 강요하기 위해 공모함으로써 반독점법을 위반했다고 판결했다.

2024년 3월 15일 미국 부동산중개인협회는 이러한 부동산 수수료 소송을 종결하기 위해 손해 배상금으로 4억 1800만 달러를 지불하기로 합의했다. 이에 따라 거의 100년 동안 이어온 판매자와 구매자가 거래하는 방식과 그들을 대신하여 일을 진행하는 중개인이 받는 수수료 보상이 8월 17일부터 바뀌었다. 그 내용을 간단하게 정리하면 다음과 같다.

- 첫째, 이번 부동산 수수료 소송의 합의 내용에서 미국 부동산중개인협회는 판매자의 중개인이 구매자의 중개인에 대한 수수료를 정할 수 있도록 허용하는 모든 종류의 규칙을 금지한다.

- 둘째, 미국 부동산중개인협회 회원들이 사용하는 부동산 매물 플랫폼인 MLS^{Multiple Listing Service}*에서 중개인 수수료를 표시하는 모든 부분이 삭제되며 중개인 업무에 대한 수수료를 제공하거나 파악하기 위해 먼저 MLS에 가입해야 하는 요구 사항을 전면적으로 금지한다.

- 셋째, 구매자 중개인은 반드시 서면으로 구매자 중개인 계약을 체결해야 한다. 구매자 중개인은 구매자가 직접 지불하는 고정 수수료와 함께 경우에 따라 주택 판매자 또는 판매자 중개인의 수수료 일부를 포함하여 다양한 방법으로 수수료를 받을 수 있다.

---

* 미국 부동산 공인중개인들이 매물 정보를 공유하고 협력할 수 있도록 만든 데이터베이스로, 부동산 매매와 임대 정보를 효율적으로 관리하는 시스템.

미국은 다른 선진국들에 비해서 부동산 수수료가 높은 편이나 부동산 중개인의 역할과 임무가 매우 크고 다양하다. 미국 부동산중개인협회에서 발표한 미국 부동산 중개인들의 업무 리스트를 보면 판매자를 대신하는 경우에 179가지의 업무를 감당해야 하며 구매자를 대신하는 경우에는 105가지의 업무를 감당해야 하는 세부적인 내용들이 잘 요약되어 있다. 이 리스트를 보면 알 수 있듯이 미국의 부동산 중개인의 업무와 책임은 다른 선진국과 비교했을 때 결코 만만하지 않다

미국의 전통적인 부동산 중개인 수수료는 지역마다 다소 차이는 있으나 대략 매물 가격을 기준으로 5~6% 정도이다. 주로 판매자가 매매 수수료를 지불하는 방식이며 판매자를 대신하는 판매자 중개인의 부동산 회사가 구매자 중개인 회사와 매매 수수료를 공유하는 시스템으로 되어 있다. 그러나 8월 17일부터 시행된 새로운 규정에 따라, 이런 방식으로 미리 정해진 공유 수수료를 설정하는 모든 규칙이 금지되었다. 이제 모든 수수료는 협상을 통해 결정되어야 하며, 거래에 참여하는 사람들이 직접 협의해야 한다.

미국의 부동산 거래는 주로 미국 부동산중개인협회 회원들이 사용하는 부동산 매물 플랫폼인 MLS를 통해 이루어진다. 판매자 중개인은 MLS에 리스팅한 매물을 등록하여 구매자 중개인들

이 리스팅한 매물을 볼 수 있도록 공유하며 신속한 판매를 할 수 있도록 함께 협력한다. 좀 더 빠른 판매를 원하는 판매자일 경우는 구매자 중개인에게 지불하는 수수료를 더 많이 제공한다는 조항을 첨부해 판매를 촉진하는 경우가 있다. 이는 구매자 중개인 수수료를 MLS 플랫폼에 직접 기입할 수 있기 때문인데 이 자체가 결국은 스티어링Steering*으로 간주될 수 있으며 이는 반독점법 위반이 될 수 있음이 지적되었다. 따라서 8월 17일 이후로 MLS에 구매자 중개인 수수료를 표시하는 모든 부분이 삭제되었으며 중개인 업무에 대한 수수료를 제공하거나 파악하기 위해 먼저 MLS에 가입해야 하는 요구 사항도 전면적으로 금지되었다.

앞에서도 설명했지만 미국의 전통적인 수수료는 판매자가 지불하여 판매자 중개인 회사가 구매자 중개인 회사와 공유하는 것이 관례였다. 그러나 8월 17일부터는 구매자 중개인은 반드시 서면으로 구매자 중개인 계약을 체결해야 한다. 그리고 구매자 중개인은 구매자와의 서비스 계약서에 수수료 지불 방법에 대해 구매자가 직접 지불하는 고정 수수료와 경우에 따라 주택 판매자 또는 판매자 중개인의 수수료 일부를 포함하여 다양한 방법으로 수수료를 받을 수 있도록 상세하게 명시해야 한다.

---

* 미국 부동산 공인중개인이 특정 인종, 계층, 종교 등을 이유로 고객을 특정 지역으로 유도하거나 제한하는 차별적 관행. 미국에서는 공정주택법(Fair Housing Act)에 의해 금지됨.

이전에는 전혀 없었던 새로운 패러다임으로 전환되는 과도기였고 모든 중개인과 부동산 회사는 이러한 새로운 합의 규정에 따라 생길 수 있는 상황에 미리 대비해야 했다. 완전한 자율 경쟁 시장이 조성된 것이다. 미국의 모든 소비자 및 부동산 관계자들은 미국 경제의 거의 5분의 1을 차지하는 부동산 산업이 향후 어떻게 변화할 것인지에 대한 막막함과 두려움을 가지고 불분명한 시장에서 새로운 출발을 해야만 했다. 이러한 새 규정은 미국 부동산중개인협회에 가입된 150만 명의 중개인 중 거의 100만 명에 이르는 중개인이 미국 부동산 업계에서 사라질 것으로 예상될 정도로 그 여파가 매우 컸다. 그러나 8월 17일 이후로 지금까지 약 70%에 달하는 중개인이 새 규정에 잘 적응하고 있다고 한다.

2024년 3월 15일 미국 부동산중개인협회가 발표한 수수료 소송에 대한 합의는 8개월간의 긴 여정 끝에 11월 26일에 판결이 났다. 미국 미주리주 캔자스시티에 있는 연방 지방 법원 판사인 스티븐 바우 Stephen Bough 판사에 의해 최종 합의안에 승인이 내려진 것이다. 승인 이틀 전 법무부가 주택을 둘러보기 전에 요구되는 구매자와 중개인간의 서비스 계약에 서명하도록 요구하는 합의 조항에 대해 문제를 제기했지만, 스티븐 바우 판사는 중개인 수수료 소송에 연루된 미국 부동산중개인협회와 홈서비스

오브 아메리카Home Service of America의 합의안, 그리고 미국 부동산중개인협회의 합의안에 동의한 MLS와 리맥스RE/MAX, 애니웨어Anywhere, 레드핀Redfin 등과 같은 미국 부동산중개회사들간의 합의안에 최종 승인을 내렸다. 법무부의 이러한 문제 제기가 있어 이 소송이 완전히 끝났다고 볼 수 없다는 의견들도 있지만 보브 판사의 이번 판결은 2023년 10월에 불거진 미국 부동산 수수료 사건의 끝을 의미한다고 볼 수 있다.

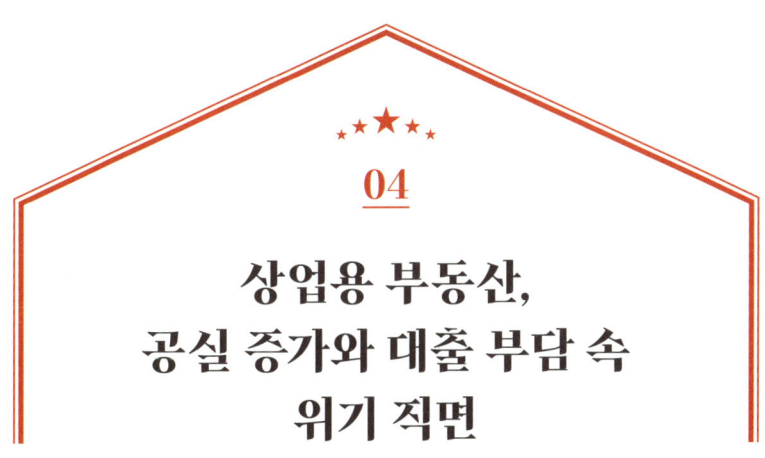

04
상업용 부동산, 공실 증가와 대출 부담 속 위기 직면

2024년은 금리 상승, 재택근무의 확산, 상업용 부동산의 대출 만기, 그리고 금융 시장의 불확실성이 복합적으로 작용하면서 미국의 상업용 부동산 시장이 사상 최대의 위기를 맞이한 한 해였다.

    연준이 인플레이션 억제를 위해 2022년 3월 이후로 기준금리를 지속적으로 인상하면서 상업용 부동산 대출의 금리 역시 급격히 상승했고 대출 만기 재융자 비용이 크게 증가해 많은 상업용 부동산 소유주에게 재정적 부담이 가중되었다. 또한 팬데믹 이후 재택근무, 원격근무와 하이브리드 근무 방식이 정착되면서 오피스 공간의 수요가 크게 감소해 2024년 주요 도심지의 오피스 공실률은 사상 최고 수준으로 증가했다.

미국 상업용 부동산 유형별 공실률 그래프

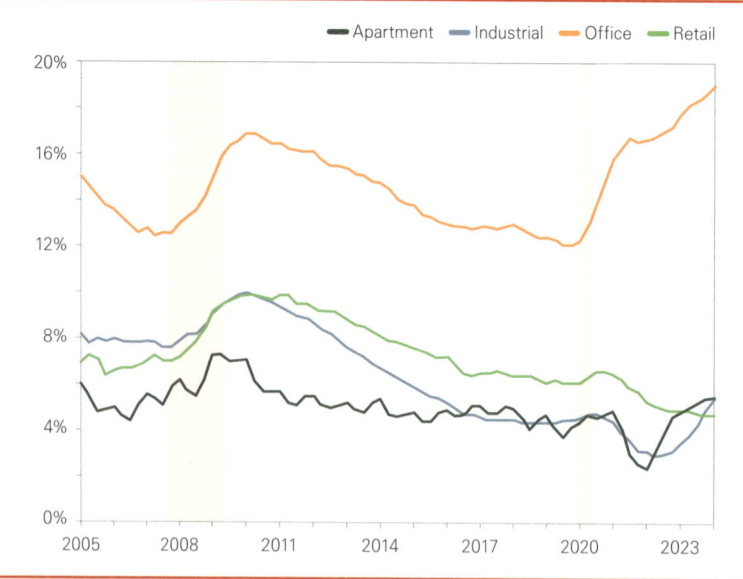

출처: FED

금리 상승과 공실률 증가로 특히 도심부에 있는 대형 오피스 건물이나 쇼핑몰과 같은 유형은 수익성이 떨어져 자산의 가치가 하락했다. 이에 따라 상업용 부동산 대출 조건이 매우 까다로워졌으며 대부분의 중소 은행들은 상업용 부동산 대출을 꺼려했다. 그전에는 미국 중소은행의 약 60%가 주로 상업용 부동산 대출을 했는데 뉴욕커뮤니티은행과 같은 일부 은행들은 심각한 부실 위험에 직면하기도 했다. 미국의 중소은행은 상업용 부동산 대출 의존도가 높아 대규모의 대출 부실이 발생할 경우 2023년의 실리콘밸리은행과 같이 추가적인 은행 파산 사례가 나올 가능성이 높은 심각한 상황이었다.

S&P 글로벌 마켓 인텔리전스의 미국 부동산 기록 분석에 따르면, 2024년에 약 9,500억 달러 규모의 상업용 부동산 대출이 만기 될 예정이며 2025년에 거의 1조 달러까지 증가하고 2027년에는 1조 2,600억 달러로 정점에 도달할 것이라고 한다. 2024년에 만기 되는 상업용 부동산 대출 중 약 10%가 오피스 유형인데 이는 2023년보다 높은 수준이지만 2024년 이후로는 점차 감소할 것이라고 예상했다. 여기서 주목할 점은 2024년에 만기가 되는 많은 상업용 부동산 대출이 2025년 이후로 연장될 것이라는 점이다. 은행 규제 기관은 대출 기관이 차용인과 협력해 대출 만기를 연장하는 것을 허용하고 있다. 이에 따라 차용인들은 단기적으로 시간을 벌 수 있을 뿐만 아니라, 상업용 부동산을 전략적으로 매각할 수 있는 기회도 갖게 된다. 그러나 대부분의 차용인이 부담 없이 재융자를 하려면 금리가 상당히 낮아져야 한다.

드디어 지난 9월 연준이 금리를 50bp 인하하여 상업용 부동산 시장에 긍정적인 전환점을 가져왔다. 이에 추가적인 금리 인하가 예상됨에 따라 상업용 부동산 시장에서 낙관론이 더 커지고 있다.

　미국 부동산중개인협회에서 11월에 발표한 미국 상업용 부동산 시장 보고서에 따르면 오피스 유형에 대한 수요는 개선되고 있으며 순 흡수율Net Absorption*이 플러스로 전환되었지만 새로운 공급이 계속 증가하면서 공실률은 여전히 기록적으로 높은 수준을 유지하고 있다. 쇼핑센터는 신규 공급이 제한적이고 소매 공간 임대 수요가 여전히 높아서 기존 소매 공간이 부족한 상황이다. 반면, 산업용 부동산의 공실률은 꾸준히 상승하고 있어 이에 따라 임대료 상승 속도가 둔화되고 있다. 다세대 주택은 강한 반등세를 이어가고 있으며 수요는 2021년에 기록했던 최고 수준에 가까워지고 있다.

　다음은 미국 부동산중개인협회에서 발표한 상업용 부동산 시장 보고서의 2024년 연말 기준 미국 상업용 부동산의 유형별 분석이다.

🇺🇸 오피스 건물

2년 이상 오피스 건물은 순 흡수율이 네거티브Negative를 기록한

---

* 순 흡수율은 상업용 부동산 시장에서 특정 기간 동안 새로 임대되거나 점유된 공간의 총량에서 비워지거나 반납된 공간의 총량을 차감한 값을 나타내는 지표이다. 상업용 부동산 시장의 수요와 공급 상태를 보여준다.

이후, 2024년 3분기에 플러스로 전환되었다. 많은 기업이 재택근무를 도입했지만 일부는 점차 대면 근무로 복귀하고 있다. 그 영향으로 증가 폭은 크지 않았지만 지난 3분기 동안 임대된 오피스 공간이 비워진 공간보다 많았다. 그러나 오피스 건물이 완전히 회복되기까지는 좀 더 시간이 걸릴 것으로 예상한다. 미국 전체 오피스 공실률은 여전히 기록적으로 높은 수준을 유지하고 있으며 앞으로 더 증가할 가능성도 있다.

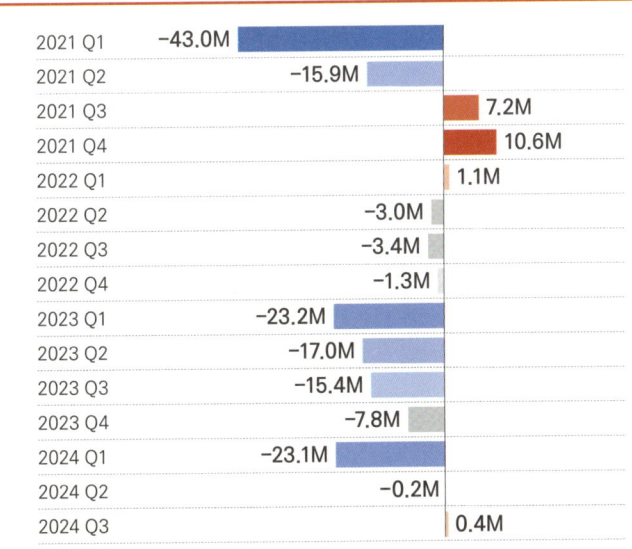

오피스 건물 제곱피트 기준 분기별 순 흡수율

출처: NAR

🇺🇸 다세대 주택

다세대 주택은 순 흡수율이 2023년 대비 두 배로 증가해 53만 유닛을 초과했다. 임대 수요가 여전히 많지만 신규 다세대 주택이 완공되는 물량과 건설 중인 물량으로 다세대 주택의 공실률은 약 8% 수준을 유지하고 있으며, 지난 1년간 임대료 상승률은 약 1%로 안정적인 상태를 보였다. 그러나 신규 다세대 주택 공급 속도가 둔화될 것으로 예상되어 2025년에는 임대료 상승률이 높아질 가능성이 있다.

12개월 순 흡수율이 가장 높은 상위 10개 지역

지역	2024 Q3	2023 Q3
댈러스-포트워스, 텍사스	25,136	8,697
뉴욕, 뉴욕	24,248	19,243
휴스턴, 텍사스	19,215	8,720
애틀랜타, 조지아	19,163	3,360
오스틴, 텍사스	18,681	6,972
피닉스, 애리조나	18,255	8,973
워싱턴 D.C.	15,294	9,083
올랜도, 플로리다	13,831	4,679
시애틀, 워싱턴	11,858	5,534
내슈빌, 테네시	11,588	5,731

출처: NAR

🇺🇸 쇼핑센터

쇼핑센터 소매 공간은 여전히 매우 부족한 상태로 지난 몇 년 동안 임대 가능한 공간이 꾸준히 5% 이하를 유지하고 있다. 수요는 계속 증가하고 있고 새로운 공급이 제한적이다. 지난 12개월 동안 새로 완공된 소매 공간은 약 3,200만 제곱피트로 이는 10년 평균보다 약 40% 낮은 수준이다. 이에 추가적인 연준의 금리 인하가 있을 경우 소비자 지출이 강세를 보이면서 쇼핑센터 소매 공간은 계속 수요가 공급을 초과할 것으로 예상된다.

🇺🇸 산업용 부동산

산업용 부동산은 성장 속도가 둔화된 모습이다. 순 흡수율은 2023년 대비 약 60% 감소했으며 임대료 상승률도 7.9%에서 3.0%로 떨어졌다. 추가적인 신규 공급으로 공실률도 5.1%에서 6.6%로 상승했다. 하지만 앞으로 인플레이션율 하락과 금리 인하가 이어질 경우 건설이 중단 또는 보류된 건물이 작업을 재개해 공급이 늘어날 가능성이 있으며 생산, 저장, 유통을 위한 산업 공간의 수요를 증가시키는 파급 효과를 만들어낼 수 있다.

🇺🇸 호텔

2024년 3분기가 끝나면서 호텔은 안정적인 상태를 유지하고 있다. 호텔 점유율은 약 63% 수준으로 팬데믹 이전보다 약 3% 낮

2024년 9월 기준 12개월 평균 점유율

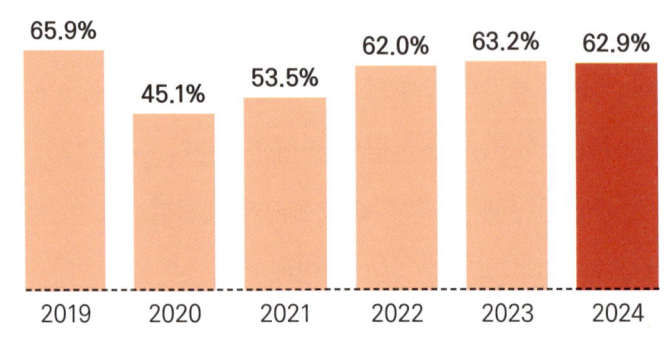

출처: NAR

2024년 9월 기준 12개월 평균 일일 요금 및 평균 가용 객실당 수익

	일일 평균 요금	사용 가능한 객실당 수익
2019	$131	$87
2020	$114	$56
2021	$116	$62
2022	$145	$90
2023	$155	$98
2024	$158	$99

출처: NAR

은 상태를 유지하고 있어 원격근무 증가로 인해 완전한 회복이 어려울 수 있음을 보여준다. 그러나 평균 일일 요금과 가용 객실당 수익은 팬데믹 이전 수치를 이미 넘어섰다.

    이처럼 미국의 상업용 부동산은 2022년 이후 어려운 시기를 헤쳐 나갔지만 가까운 미래에 대한 전망은 팬데믹이 종식된 이후로 그 어느 때보다 긍정적이라고 볼 수 있을 것 같다.

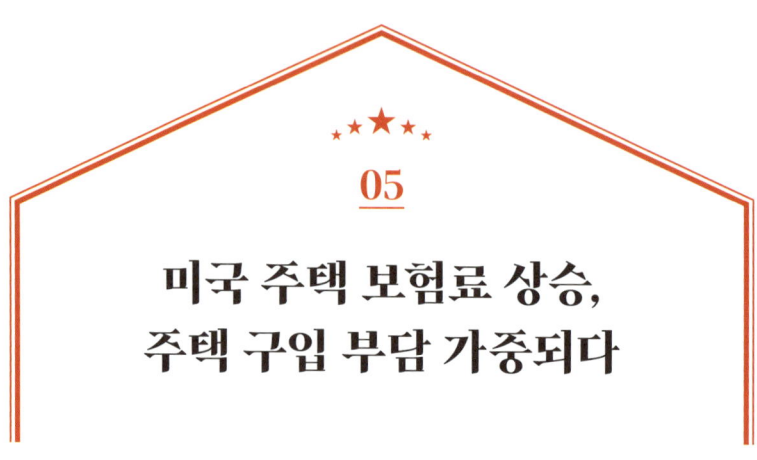

05
미국 주택 보험료 상승, 주택 구입 부담 가중되다

2024년에는 높은 모기지 금리와 함께 재산세와 주택 보험료까지 올라, 주택 구매자들이 매달 내야 하는 모기지 상환액을 감당하기 어려운 상황이 되었다.

    2022년 이후 지속된 높은 주택 가격과 고금리 모기지로 인해 많은 잠재 구매자가 주택 구매 자금 조달에 어려움을 겪고 있다. 여기에 상승한 재산세와 주택 보험료가 추가되면서 전체적인 주택 구입 비용이 더욱 증가해 구매자들은 시장에서 관망하거나 더 저렴한 가격대의 주택을 선택할 수밖에 없는 상황에 놓였다. 주택 소유와 관련된 월간 비용은 대출 원금과 이자 상환뿐만 아니라 재산세와 보험료도 포함되기 때문에 이러한 비용 상승은 구매자들의 재정적 부담을 한층 가중시키고 있다. 특히 보험 비용이 높은 시장에서는 구매자들이 보험 비용을 감당하기 위해 상대적으로 저렴한 주택을 선호하면서 주택 가격 하락 압력이 발생할 수 있다. 이에 따라 주택 가격이 비싼 지역의 판매자들은 수요를 촉진하기 위해 가격을 낮추는 전략을 택하는 경향이 나타나기도 했다.

가상 보험 회사인 인슈리파이Insurify의 새로운 보고서에 따르면, 일부 지역에서 보험료가 상승하고 주택 소유자의 보험사 선택권이 점점 제한되었는데 이 문제는 더 악화될 가능성이 높다고 한다. 이 보고서에서는 2024년에 보험료 6%의 증가를 예상하고 있으며 2025년에도 추가 인상이 있을 것으로 전망했다. 특히 심한 기상 변화가 있는 일부 해안 지역과 중서부 지역에서는 23%까지 오를 것으로 보고 있다.

2024년 연간 평균 주택 보험료

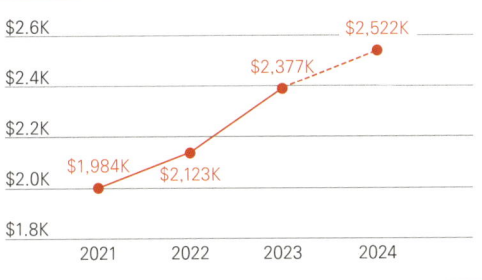

출처: 인슈리파이

이 보고서는 주택 보험료가 상승한 이유로 심각한 홍수, 산불, 폭염, 한파, 태풍과 폭풍 등의 심각한 기상 조건, 인플레이션, 주택 건설 비용 상승을 지적했다. 2024년 태풍과 폭풍으로 인해, 사우스플로리다와 같은 지역의 일부 주택 소유자는 매달 500달러의 추가 보험료를 지불해야 했다. 스테이트팜State Farm, 올스테이트Allstate, 파머스Farmers와 같은 미국 대형 보험사는 고위험 지역으로 인식되는 캘리포니아주와 플로리다주에서 철수하고 있으며, 이러한 지역에서는 주택 보험 가입이 어려워질 가능성도 있다.

미국은 주마다 기후, 기상 조건이 각기 다르기 때문에 각 주마다 주택 보험료 산정 조건과 비율이 다르다. 심각한 기후나 기상 변화가 심한 주는 주택 보험 비용이 높게 책정된다. 인슈리파이 보고서에 따르면 플로리다, 루이지애나, 텍사스, 아칸소, 미시시피는 태풍에 취약하고 텍사스, 콜로라도, 네브래스카는 산불 위험이 크고 네브래스카, 텍사스, 캔자스는 태풍의 위험이 높아 미국에서 주택 보험료가 높은 지역이다. 오른쪽의 그래프는 2024년 미국에서 주택 보험료가 가장 높은 10개 주와 평균 주택 보험료를 나타낸다.

2024년 주택 보험료가 가장 높은 10개 주

출처: 인슈리파이

2024년 미국 주별 평균 주택 보험료

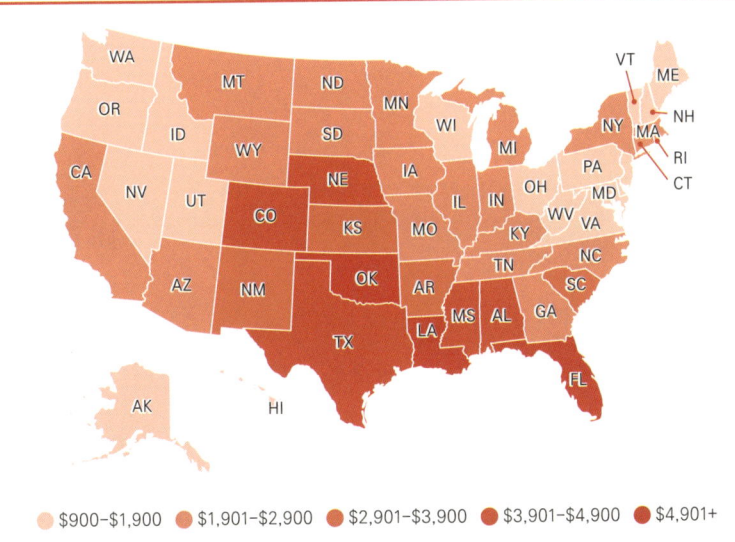

출처: 인슈리파이

인슈리파이는 2024년에 미국 전역의 주택 보험료가 6% 인상될 것으로 예상하고 있지만, 두 자릿수 비율로 보험료가 인상되는 지역도 많을 것으로 예상했다. 아래의 그래프는 미국에서 주택 보험료가 가장 빠르게 상승하는 10개 주와 평균 주택 보험료 비율을 나타낸다.

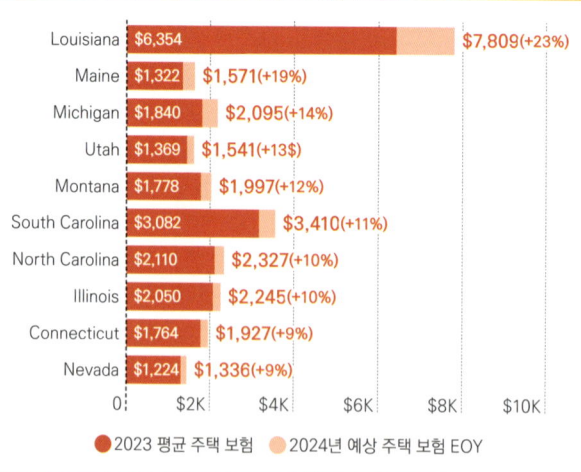

출처: 인슈리파이

이 보고서에 따르면 루이지애나주에서는 보험료가 미국 전국 평균의 약 3배에 달하며 2024년에 주택 보험료가 23% 더 상승해 평균 보험료가 7,800달러를 넘어설 수 있다. 노스캐롤라이나주와 사우스캐롤라이나주의 주택은 태풍, 폭풍, 홍수로 비슷한 피해를 입었고 유타주, 몬태나주, 네바다주를 포함한 서부 주는 산불 위험이 커지고 있다. 코네티컷주는 건물 수리 비용 상승으로 2023년 대비 주거 재건축 비용이 4.1% 증가했고 미시간과 일리노이의 재건축 비용은 더 많이 상승해 연간 증가율은 5.6%에서 6.4% 사이였다.

이처럼 2024년은 높은 모기지 금리, 재산세와 주택 보험료 인상으로 주택 구입 비용과 주택을 유지, 관리하는 비용이 높아지면서 그야말로 미국인들에게는 쉽지 않은 한 해가 되었다. 이러한 이유로 주택을 구입하려는 잠재 구매자들은 쉽게 매매 시장에서 원하는 주택을 사기가 쉽지 않았고 주택 소유자들은 대부분 30년 만기 고정 모기지 금리로 대출을 받았음에도 재산세와 주택 보험료의 인상으로 인해 월 모기지 상환 금액이 많이 인상되었다. 미국에서는 모기지 대출을 받을 경우 모기지 대출 금액에 대해 매월 원금과 이자를 지불하면서 연간 재산세와 주택 보험료를 12개월로 나누어 월 모기지 상환 금액과 함께 지불하는 경우가 많기 때문에 주택 보험료 인상은 궁극적으로 미국 주택을 구입하거나 유지할 때 직접적인 영향을 준다.

제 2 장

2025년 미국 주택 시장 전망

금리의 변화,
미국 주택 시장 반등되나?

U.S. REAL ESTATE TREND 2025

INTRO

연준은 2022년 3월부터 인플레이션을 억제하기 위해 거의 0%였던 기준금리를 인상하기 시작했다. 이후, 2024년 9월 18일에는 기준금리를 50bp 인하해 4.75~5.00%로 낮췄으며, 2024년 11월에는 추가 인하로 4.50~4.75% 수준으로 조정했다. 급격히 상승하는 인플레이션 억제를 위해 2022부터 시작된 긴축 정책이 경제 성장 둔화 및 금융 안정화를 고려하여 비로소 2024년 하반기부터 점진적인 완화 기조로 전환되었다. 2장에서는 2025년 금리 인하 가능성이 대두되는 가운데, 미국 부동산 시장에 미칠 영향을 전망해 본다.

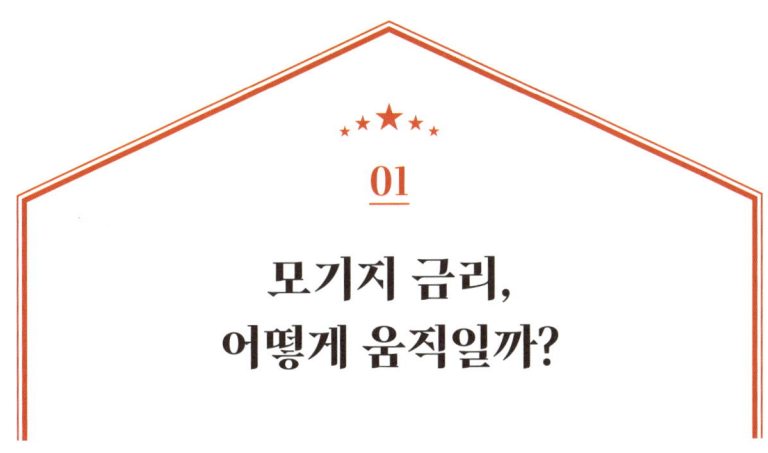

모기지 금리, 어떻게 움직일까?

1.   **연준의 기준금리 인하에도 모기지 금리가 내리지 않는다?**

지난 9월 18일, 연준은 기준금리를 50bp 인하했다. 이에 많은 미국의 구매자들은 모기지 금리도 이를 반영하여 함께 내려갈 것이라고 예상했다. 그러나 모기지 금리는 살짝 내려가는듯 했으나 오히려 10월 이후로는 다시 올라가기 시작했다. 그리고 11월 7일 연준이 추가로 기준금리를 25bp 인하했음에도 11월 기준으로 거주 목적의 30년 만기 고정 모기지 금리는 대략 6.84%를 기록하고 있다.

    연준의 기준금리가 인하되었는데도 모기지 금리가 오르는 이유는 무엇일까? 모기지 금리의 변화는 단순히 기준금리 변동만으로 설명할 수 없다. 모기지 금리는 주로 채권 시장의 상호작용과 개인의 재정 및 신용 자격에 따라 부분적으로 결정된다. 모기지 금리는 연준의 기준금리와 동일한 방향을 따르는 경향이 있지만 채권 수익률, 시장의 기대 심리, 은행의 리스크 관리, 대출 수요와 공급, 국제 경제 요인 등이 모두 복합적으로 작용하여 변동한다. 이는 금융 시장의 다양한 변수들이 함께 작용하는 결과라고 볼 수 있다.

    또한, 모기지 금리는 연준이 기준금리를 발표하기 전에 시장에서 먼저 반영되는 경우가 많다. 이는 기준금리 발표 전 다양한 전문가들의 예측이 쏟아지면서 불확실성이 커지기 때문이다. 이런 이유로 FOMC^{Federal Open Market Committee Meeting} 회의* 전에는 오히려 모기지 금리가 오르는 경향이 있다. 이는 모기지 담보 증권^{MBS} 의 수익률 때문이다. 모기지는 마감 후 최대 몇 달 후에 투자자에게 판매하기 위해 모기지 담보 증권으로 패키지화된다. 이에 모기지 은행은 투자자가 모기지 담보 증권을 구매할 경우를

---

* 미국 연방준비제도가 통화 정책을 결정하기 위해 정기적으로 개최하는 회의로, 금리 조정, 경제 전망, 자산 매입 등 주요 금융 정책을 논의하고 결정하는 자리.

미리 대비하는 것이라고 볼 수 있다.

연방기금 목표 범위 - 상한선

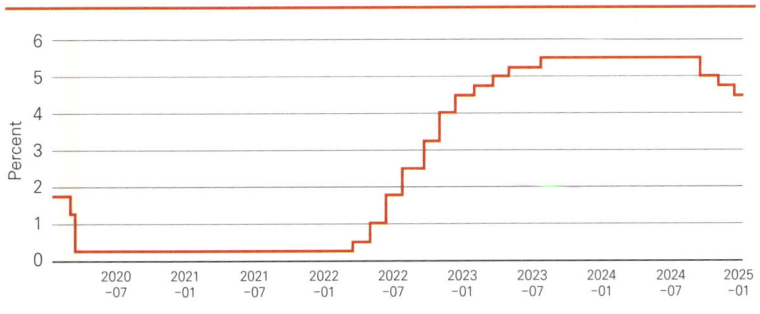

출처: FRED

30년 고정 주택담보대출 평균 금리

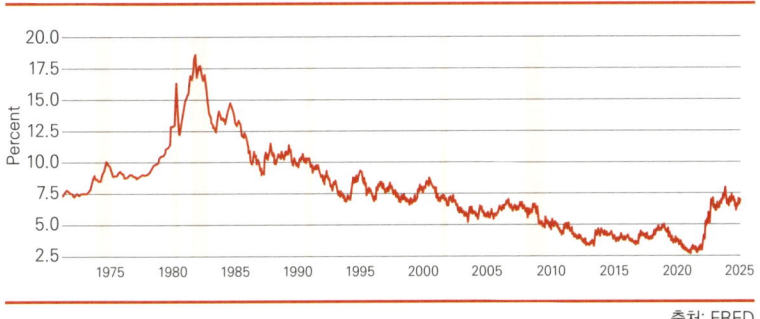

출처: FRED

2. 2025년 미국 모기지 금리 전망

작년에 출간된 『미국 부동산 트렌드 2024』에서 2024년에는 모기지 금리가 낮아질 수 있으며 그 수치는 7% 이하로 인하될 수 있으나 6%대를 유지하는 걸로 전망했다. 그러나 2024년 미국 모기지 금리는 대부분 연중 7%에 가까웠고, 5월과 11월에 정점을 찍었다.

최근 2024년 11월 15일에 미국 신규 주택 건설 협회NAHB: National Association of Home Builders가 발표한 자료에 따르면, 30년 만기 고정 모기지 금리가 6.78%로 지난 9월에 2년 만에 최저 수준으로 떨어진 후 다시 몇 주 동안 계속 상승했다. 모기지 금리가 상승한 것은 10년 만기 국채 수익률의 변동성과 밀접한 관련이 있다. 일자리 증가가 둔화된 고용 보고서, 두 차례의 허리케인으로 인한 경제적 혼란, 그리고 보잉Boeing 파업 등의 영향으로 10년 만기 국채 수익률이 9월 3.72%에서 10월 3.99%로 크게 올랐다. 또 다른 금리 상승의 주된 이유는 미국 대통령 선거와 관련된 불확실성 때문이었고 선거가 끝난 후에도 예산 적자에 대한 우려가 지속적으로 증가하고 있기 때문이라고 NAHB는 발표했다.

이렇듯 모기지 금리는 10년 만기 국채 수익률과 유연하게 관련되어 있다. 모기지 금리는 10년 만기 국채 수익률에 프리미엄을 더한 형태로 거래되는데 이 프리미엄은 '스프레드'라고 불린다. 팬데믹 기간 동안 금리가 사상 최저 수준으로 떨어지면서 스프레드 또한 사상 최저 수준으로 감소했다. 그러나 2022년 금리가 급격히 상승하자 이러한 변동성으로 인해 투자자들은 모기지 담보 증권에서 더 높은 금리를 요구하게 되어 스프레드가 증가했다. 따라서 주택 구매자들이 부담해야 할 모기지 금리가 두 배로 상승하는 타격을 받았다. 2024년 들어 금리가 안정되면서 스프레드는 완화되기 시작했는데, 2025년에는 채권 시장이 안정되면서 모기지 스프레드가 더 낮아질 것으로 예상된다고 한다.

10년 만기 미국 국채 수익률(투자 기준으로 산출)

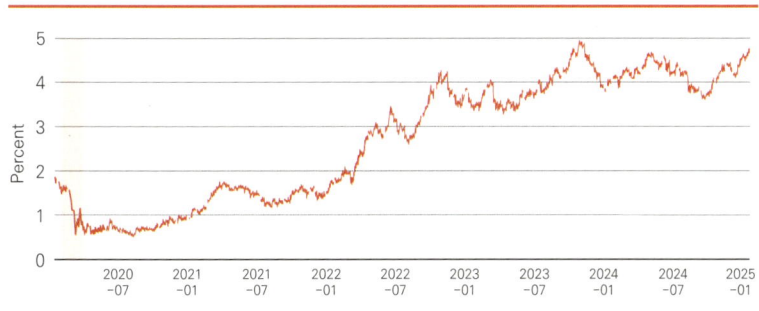

출처: FRED

지난 5년간 모기지 - 국채 스프레드

출처: FRED

프레디 맥 프라임 모기지 시장 조사 및 이자율

출처: Freddie Mac

또한 미국 신규주택건설협회는 10월 주택 및 모기지 금리 전망서에서 30년 만기 고정 모기지 금리는 2025년에 평균 5.94%가 될 것을 예측했고 2026년에는 5.69%로 떨어질 것으로 예측했으나 트럼프 2기 행정부의 정책에 초점을 맞추어 곧 금리 전망을 수정할 것이라고 한다.

미국 부동산중개인협회가 2024년 11월에 발표한 자료에 의하면, 프레디 맥Freddie Mac의 30년 만기 고정 모기지 금리가 지난 52주 동안 6.08%에서 7.44% 사이에서 변동했는데 2025년과 2026년에는 6%대 초반을 유지할 것으로 전망했다.

모기지은행협회MBA: Mortgage Bankers Association에서 2024년 10월 27일에 발표하고 11월 미국 대선 이후 수정한 보고서에 의하면,

2025년 모기지 금리는 6.4%에서 6.6% 사이가 될 것으로 예측하고 있으며 2026년에는 6.3%로 유지될 것으로 전망했다. 2024년 10월 27일 발표한 자료에서는 2025년 금리를 5.9%에서 6.2%, 2026년에는 5.9%로 예상했으나, 최근 경제 상황과 정책 변화에 따라 예상치를 상향 조정했다. 이는 트럼프 2기 행정부의 관세정책으로 인한 인플레이션의 불확실성 때문에 연준이 금리 인하를 일시 정지하거나 심지어 금리를 인상할지도 모른다는 경제학자들의 의견을 고려했기 때문이라고 한다.

패니메이Fannie Mae의 경제 및 전략 리서치ESR 그룹이 2024년 11월 22일에 발표한 논문에 따르면 2025년 초에 모기지 금리가 6% 미만으로 떨어질 것으로 예상했지만, 수정된 예측에 따르면 2025년 말 모기지 금리는 6.3%로 마감되고 2026년까지 6% 이상을 유지할 것으로 전망했다. 또 2026년 초에 이르러 비로소 저렴한 주택 조건이 개선되고 이미 저금리로 주택을 보유하고 있는 주택 소유자들이 움직이지 않고 있는 '고정 효과'가 약화되며 억눌렸던 수요가 시장에 나옴으로써 기존 주택 판매가 약 17% 개선될 것으로 예측했다.

모기지은행협회 주택담보대출 금융 전망

	2024 Q1	2024 Q2	2024 Q3	2024 Q4	2025 Q1	2025 Q2	2025 Q3	2025 Q4	2026 Q1	2026 Q2	2026 Q3	2026 Q4	2024	2025	2026	2027
주택 지표																
주택 착공 수 (연간 환산 기준, 천)	1,407	1,340	1,332	1,336	1,366	1,383	1,420	1,432	1,448	1,445	1,422	1,430	1,354	1,400	1,436	1,449
단독 주택 (Single-Family)	1,062	1,004	971	998	1,032	1,054	1,094	1,118	1,141	1,144	1,120	1,123	1,009	1,075	1,132	1,138
다세대 주택 (Two or More)	345	336	361	338	334	329	326	314	307	301	302	307	345	326	304	311
주택 판매량 (연간 환산 기준, 천)																
기존 주택 판매량 (Total Existing Homes)	4,200	4,050	3,890	4,044	4,053	4,115	4,317	4,495	4,516	4,535	4,552	4,582	4,046	4,245	4,546	4,687
신규 주택 판매량 (New Homes)	663	693	712	723	759	770	785	790	804	799	786	797	698	776	797	816
미국 주택 가격 지수 (전년 동기 대비 증감율%)	6.9	5.9	4.4	3.8	2.9	2.1	1.5	1.3	1.2	1.1	1.2	1.3	3.8	1.3	1.3	2
기존 주택 중간 가격 (천 $)	385.1	416.9	414.1	407.9	407.2	414.5	416.2	405.2	412.7	417.6	416.9	413.1	406	411	415	416
신규 주택 중간 가격 (천 $)	429.2	414.5	420.5	427.6	433.2	426.3	427.4	418.4	425.7	431.7	426.3	428.1	423	426	428	431
이자율																
30년 고정 모기지 금리 (%)	6.7	7	6.5	6.6	6.6	6.5	6.4	6.4	6.3	6.3	6.3	6.3	6.6	6.4	6.3	6.3
10년 만기 국채 수익률 (%)	4.2	4.4	3.9	4.3	4.4	4.3	4.3	4.3	4.3	4.3	4.3	4.3	4.3	4.3	4.3	4.3
모기지 발행																
총모기지 발행 (10억 $)	377	429	479	494	416	526	570	556	550	630	616	573	1,779	2,068	2,369	2,455
주택 구매 대출	291	336	357	304	282	360	385	369	358	436	428	390	1,288	1396	1,612	1,681
리파이낸스 대출	86	93	122	190	134	166	185	187	192	194	188	183	491	672	757	774
리파이낸스 비율 (%)	23	22	25	38	32	32	33	34	35	31	31	32	28	33	32	32
FHA 대출 발행 (10억 $)													204	211	242	227
전체 1~4가구 주택 모기지 잔액	1,076	1,203	1,343	1,426	1,171	1,470	1,591	1,551	1,535	1,731	1,685	1,569	5,049	5,784	6521	6,637
주택 구매 대출	773	880	924	779	718	912	971	927	896	1,088	1,064	967	3,356	3,527	4,015	4,118
리파이낸스 대출	303	323	419	647	453	558	621	624	639	643	622	602	1,693	2,256	2,506	2,519
리파이낸스 비율 (%)	28	27	31	45	39	38	39	40	42	37	37	38	34	39	38	38
모기지 잔액																
1~4가구 주택 모기지 잔액	13,990	14,094	14,178	14,268	14,363	14,468	14,571	14,665	14,753	14,853	14,949	15,035	14268	14,665	15,035	15,418

* 2024년 12월 20일 기준

출처: MBA

패니메이(Fannie Mae)의 주택 전망 보고서

	2024 24.1	24.2	24.3	24.4	2025 25.1	25.2	25.3	25.4	2026 26.1	26.2	26.3	26.4	2023	2024	2025	2026
연간 환산, 천 단위, 유닛																
총주택 착공 수(Total Housing Starts)	1,407	1,340	1,331	1,320	1,324	1,324	1,331	1,349	1,375	1,401	1,416	1,418	1,420	1,350	1,332	1,402
전년 동기 대비 증감율													-8.5	-4.9	-1.3	5.3
단독 주택(Single-Family)	1,062	1,004	970	982	987	992	996	1,003	1,008	1,013	1,014	1,014	948	1,004	995	1,012
전년 동기 대비 증감율													-5.7	6	-1	1.8
다세대 주택(Multifamily, 2+ Units)	345	336	362	338	337	332	335	346	367	388	401	405	472	345	338	390
전년 동기 대비 증감율													-13.7	-26.9	-2.3	15.6
총주택 판매량	4,863	4,743	4,602	4,799	4,804	4,910	5,061	5,248	5,364	5,443	5,507	5,561	4,756	4,752	5,006	5,469
전년 동기 대비 증감율													-16.1	-0.1	5.3	9.2
신규 주택(New Single-Family)	663	693	712	705	743	751	762	761	761	763	761	755	666	693	755	760
전년 동기 대비 증감율													3.9	4.1	8.8	0.7
기존 주택(Existing, Single-Family, Condos/Co-Ops)	4,200	4,050	3,890	4,094	4,061	4,159	4,299	4,486	4,602	4,680	4,746	4,806	4,090	4,058	4,251	4,709
전년 동기 대비 증감율													-18.7	-0.8	4.8	10.8
분기별 및 연간 지수 변화																
패니메이 주택 가격 지수(HPI)	6.7	6.4	5.9	5.8	5	4.6	4.1	3.6	3.1	2.3	2	1.7	5.7	5.8	3.6	1.7
퍼센트: 분기별 평균, 연간 평균																
30년 고정 모기지 금리(30-Year Fixed Rate Mortgage)	6.7	7	6.5	6.6	6.6	6.4	6.3	6.2	6.1	6.1	6	6	6.8	6.7	6.4	6.1
NSA, 십억 달러 단위, 1~4가구 주택																
단독 주택 모기지 발행(Single-Family Mortgage Originations)	328	433	454	435	377	521	541	529	474	643	632	618	1,503	1,649	1,968	2,368
구매 대출(Purchase)	263	363	353	310	263	392	406	378	308	455	463	419	1,282	1,289	1,439	1,644
리파이낸스 대출(Refinance)	65	69	101	125	114	129	135	151	166	188	170	200	221	360	529	724
리파이낸스 비율(Refinance Share)	20	16	22	29	30	25	25	28	35	29	27	32	15	22	27	31

*2024년 12월 기준

출처: Fannie Mae

요즘 들어 모기지 금리가 요동치는 상황에서 구매자들로부터 내가 가장 많이 받는 질문은 연준이 최근 기준금리를 계속 인하하고 있음에도 모기지 금리가 여전히 높은 이유가 무엇인지이다. 앞에서도 이미 설명했듯이 미국 대선 전부터 현재까지 연준의 지속적인 기준금리 인하에도 모기지 금리는 좀처럼 내려가지 않고 있다. 그 이유는 이미 설명이 되었다고 본다.

연준의 기준금리 인하 자체는 장기 고정 모기지 금리에 과도한 영향을 미치지는 않을 것이다. 그러나 변동금리 모기지ARM: Adjustable Rate Mortgage나 변동금리 주택 자산 신용대출HELOC: Home Equity Line of Credit을 이용하는 차용인들에게는 영향을 미칠 수 있을 것이다.

3. 모기지 금리 인하와 미국 주택 시장의 변화

2025년 미국 부동산 시장에서 모기지 금리는 가장 중요한 변화가 될 것이다. 모기지 금리의 변화는 구매력, 시장 수요, 가격 형성에 중대한 영향을 미친다. 특히 모기지 금리 인하는 주택 구매자들의 주택 구매력을 상승시켜 주택 시장을 활성화시킬 수 있다. 이번에는 모기지 금리 하락이 구매자들의 주택 구매력에 어떠한 변화를 불러올 수 있을지 전망해 본다.

🇺🇸 모기지 금리와 주택 구매력의 상관관계

지난 2022년 이후 긴축의 시대로 전환되면서 현재까지 미국은 높은 모기지 금리, 높은 물가로 주택 구입 비용이 증가하면서 주택을 구입할 수 있는 재정적인 능력을 갖춘 구매자가 많이 감소하였다. 또 인플레이션으로 집값이 상승하면서 주택 소유자들과 임차인들 간의 빈부 격차가 커졌다. 이는 결국 높은 모기지 금리의 영향으로 잠재 구매자들의 구매력이 많이 하락했기 때문이라고 볼 수 있다. 그럼, 이제 모기지 금리와 주택 구매력의 상관관계를 쉽게 설명해 보겠다.

모기지 금리가 하락하면 주택 구매자가 대출에 지불해야 할 이자 비용이 감소한다. 이는 동일한 월 상환금으로 더 많은 금액을 대출받을 수 있는 여력을 만들어주어 결과적으로 구매력이 상승한다.

예를 들어, 모기지 대출금 30만 달러를 기준으로 하고 주택 가격의 20%는 본인 자금으로 주택을 구입한다고 가정하자. 30년 만기 고정 모기지 대출을 기준으로 모기지 금리가 6.5%에서 5.5%로 1% 하락하면 월 상환금이 크게 줄어든다. 그러면 구매자들은 낮은 모기지 금리를 통해 더 비싼 주택을 구매할 수 있게 되며 이는 주택 시장의 수요 증가로 이어진다.

다음 페이지의 도표는 모기지 금리의 변화에 따른 월 모기지 상환금과 구매가 가능한 주택 가격의 변화를 잘 보여준다.

모기지 금리와 주택 구매력의 상관관계

모기지 금리 (%)	대출 금액 ($)	모기지 월 상환금 ($)	구매 가능 주택 가격 ($)
6.5	300,000	1,896	375,000
5.5	300,000	1,703	400,000
4.5	300,000	1,520	450,000

출처: Turnkey Global Realty

위의 도표를 기준으로 구매 가능한 주택 가격은 본인 자금(다운페이먼트)을 포함하여 계산된다.

• **구매 가능한 주택 가격**

　대출 금액 + 다운페이먼트(다운페이먼트 비율을 약 20%로 가정)

　위의 도표에서 알 수 있듯이 모기지 금리가 6.5%에서 5.5%로 1% 하락하면, 월 상환금이 약 193달러 감소한다. 이는 구매자가 약 2만 5,000달러 더 비싼 주택을 구매할 수 있는 여력을 제공한다. 모기지 금리가 5.5%에서 4.5%로 다시 1% 하락하면, 월 상환금이 추가로 183달러 감소하여 약 5만 달러의 추가 구매 여력을 가져오는 셈이다.

　이렇듯 모기지 금리가 하락하면 구매자는 기존의 예산 내에서 더 비싼 주택을 구매할 수 있게 된다. 높은 모기지 금리에서는 구매자의 예산 내에서 적합한 주택을 찾기 어렵지만 모기지 금리가 낮아지면 다양한 주택을 선택할 수 있는 폭이 넓어진다. 따라서 모기지 금리 하락은 구매력을 높이고, 이는 주택 거래량 증가와 시장 활성화로 이어질 수 있다.

🇺🇸 모기지 금리 인하와 미국 주택 시장의 변화

2024년 11월 21일에 미국 모기지은행협회는 향후 몇 년 동안 경기 침체를 예측하는 거시경제전망서를 발표했다. 이 보고서에 따르면 2023년 국내총생산^{GDP}이 3.2% 증가했지만 2024년은 2.3%로 마감되고 그 후 3년간 2% 이하의 성장이 이어질 것으로 예측했다. 또한 미국 주택 투자는 2024년 0.1% 성장한 후 향후 3년 동안 1.1~3.3%로 더욱 변동성 있는 성장으로 이어질 것이라고 전망했다. 반면, 소비자 물가 상승률은 연간 1.9~2.3%로 안정된 인플레이션을 보여주고 있으며 실업률은 2025년부터 2027년까지 4% 중반대를 유지할 것으로 전망했다. 이러한 이유로 모기지은행협회는 2025년과 2027년의 모기지 금리는 대략 6.3~6.4% 정도를 유지할 것으로 전망했다.

지난 11월 11일 미국 부동산중개인협회는 2025년 미국 부동산 시장 보고서를 기준으로 2025년 미국 부동산 시장에 대해서 긍정적인 전망을 내놓았다.

미국 부동산중개인협회는 2025년에 연준이 기준금리를 4번

모기지은행협회 경제 전망

	2024				2025				2026				2025	2026	2027
	Q1	Q2	Q3	Q4	Q1	Q2	Q3	Q4	Q1	Q2	Q3	Q4			
연율 기준 비율 변화 (Percent Change, SAAR)															
실질 국내 총생산(GDP) 변화율	1.6	3	2.8	1.9	2.1	1.9	1.9	1.7	1.7	1.6	1.5	1.6	1.9	1.6	1.5
개인 소비 지출 (Personal consumption Expenditures)	1.9	2.8	3.5	3	2.9	2	1.7	1.4	1.9	2.1	2.2	2.1	2	2.1	2.2
고정 자산 투자 (Business Fixed Investment)	4.5	3.9	3.8	-1.6	2.9	2.9	2.4	1.9	1.5	1.1	0.9	1	2.5	1.1	0.8
주택 투자 (Residential Investment)	13.7	-2.8	-5	7.4	-1.5	-0.7	2.8	6.5	4.1	2.6	0.2	0.6	1.8	1.9	2.7
정부 소비 및 투자 (Govt.Consumption & Investment)	1.8	3.1	5	0.9	0.7	-0.2	0.1	0.1	0	0	-0.1	-0.2	0.2	-0.1	-0.3
순수출 (Net Exports)	-977	-1,035.70	-1,077.60	-1,074.40	-1,105.40	-1,116.80	-1,120.90	-1,116.20	-1,122.10	-1,124.50	-1,129.90	-1,130.40	-1,114.80	-1,126.70	-1,164.40
재고 투자 (Inventory Investment)	17.7	71.7	64.1	44.2	49.9	70.2	89.4	97.8	102.5	100.8	99	95.7	76.8	99.5	87.7
소비자물가 상승률 (Consumer Prices, YoY)	3.2	3.2	2.6	2.7	2.3	2.5	2.5	2.3	2.4	2.2	2.3	2.2	2.3	2.2	2.3
백분율 (Percent)															
실업률 (Unemployment Rate)	3.8	4	4.2	4.2	4.3	4.4	4.4	4.5	4.6	4.7	4.8	4.8	4.4	4.7	4.6
연방기금 금리 (Federal Funds Rate)	5.375	5.375	4.875	4.375	4.125	3.875	3.875	3.875	3.875	3.875	3.875	3.875	3.875	3.875	3.875
10년 만기 국채 수익률 (10-ear Treasury Yield)	4.2	4.4	3.9	4.3	4.4	4.3	4.3	4.3	4.3	4.3	4.3	4.3	4.3	4.3	4.3

* 2024년 12월 20일 기준

출처: MBA

정도 더 인하할 것으로 예상하면서 2025년과 2026년엔 조금 더 낮은 모기지 금리가 주택 판매를 증가시켜 거래량이 증가할 것으로 예측했다.

또한 모기지 금리의 변화가 주택 시장의 향방에 큰 영향을 미칠 것이라고 보고 있으며 2025년과 2026년에는 그 변동성의 범위가 대략 6%대 초반 정도에서 안정될 것이라고 전망했다. 또 트럼프 차기 행정부가 예산 적자를 줄이기 위해 신뢰할 수 있는 계획을 세울 수 있다는 전제 조건에서 모기지 금리가 하락할 수 있다고 덧붙였다. 그러나 모든 미국인들이 희망하고 있는 저금리 수준인 4%대의 모기지 금리는 2025년과 2026년에는 기대할 수 없을 것으로 봤다. 그 이유는 미국 정부의 예산 적자 때문인데 예산 적자가 크면 모기지 자금이 줄어 빠른 시일에 미국인 모두가 희망하는 저금리 수준인 4%대는 기대하기 힘들다는 것이다. 그럼에도 불구하고 최근 몇 년 동안 3%대의 낮은 모기지 금리로 주택 소유자들이 움직이지 않고 있는 '고정 효과'는 시간이 지남에 따라 줄어들 것이라고 전망했다.

미국 부동산중개인협회는 또한 주택 가격이 급격한 상승 후 천천히 상승할 것으로 예측했다.

오늘날 미국의 주택 소유자는 기록적인 자산 증가를 누리고 있는 반면 주택 구매자는 주택 구입 비용 부담으로 어려움을 겪고 있다. 미국 부동산중개인협회의 조사에 따르면, 일반적인 주택 소유자는 지난 5년 동안 주택 자산으로 14만 7,000달러를 보유했다. 그 결과, 주택 소유자와 임차인 간의 중간 순자산 격차가 계속 커지고 있다. 미국 부동산중개인협회는 주택 소유자의 순자산은 41만 5,000달러인 반면 임차인의 경우는 1만 달러라고 보고했다. 이에 강력한 주택 가격 상승은 앞으로 5년 동안 지속될 수 없으며 만약 그렇게 된다면 미국은 빈부의 격차로 분열될 것이라고 했다. 또 미국 주택 시장에 공급이 더 많이 증가한다면 주택 가격 상승은 정상적인 수준으로 돌아갈 수 있을 것으로 전망했다. 미국 부동산중개인협회는 2025년 중간 주택 가격은 41만 700달러로 2024년 대비 2%, 2026년 중간 주택 가격은 42만 달러로 2025년 대비 2% 상승할 것으로 예측하고 있다.

프레디 맥Freddie Mac의 경제, 주택 및 모기지 시장 전망서Economic, Housing and Mortgage Market Outlook에 따르면, 기존 주택과 신규 주택이 시장에 더 많이 나오고 있음에도 판매용 주택 재고는 여전히 팬데믹 이전 평균보다 훨씬 낮은 수준을 유지하고 있다. 이러한 심각한 재고 부족 현상은 당분간 지속될 것으로 보인다.

프레디 맥의 전망서는 다음과 같이 미국의 경제와 주택 및 모기지 시상을 예측한다.

[경제 전망]

- 높은 모기지 금리의 영향이 2024년 경제 전반에 걸쳐 나타나고 있으며 고용 시장 역시 점차 냉각될 것으로 예상한다.
- 인플레이션은 연준의 목표치인 2%를 상회하지만, 2024년 하반기에 점차 완화될 것으로 예상한다.
- 고용 시장이 충분히 둔화되어 인플레이션이 통제 가능한 수준에 이르르면, 2024년 연말에는 금리 인하 가능성이 있다.
- 2025년에는 모기지 금리가 6.5% 이하로 하락하여 주택 구매가 용이해지고 주택 시장이 활성화할 것으로 예측한다.

[주택 시장 전망]

- 높은 주택 수요에도 불구하고 주택 공급부족으로 인해 2024년 주택 시장은 여전히 침체된 상태를 유지할 것이다.
- 일부 지역에서 재고가 개선되고 있으나 주택 공급은 여전히 부족하다.
- 2025년에는 모기지 금리 하락으로 주택 판매량이 다소 개선될 것이다.
- 수요가 강한 시장 상황에 따라 2024년과 2025년에 주택 가격은 상승 압력을 받을 것이다.

판매 부진에도 불구하고 시장은
만성적인 매물 부족으로 공급이 여전히 부족한 상태

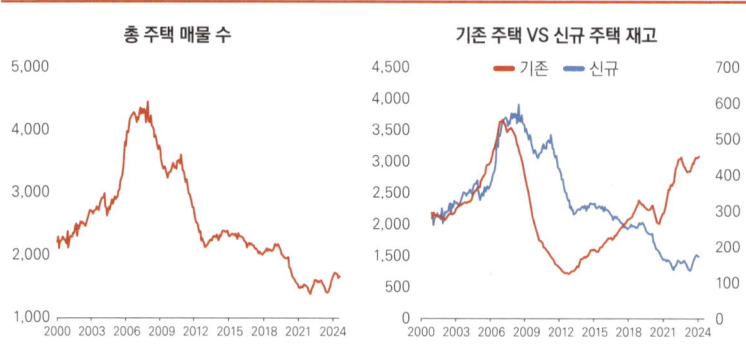

출처: Freddie Mac

주택 공급부족 상태가 여전히 심각하며 개선되지 않고 있음

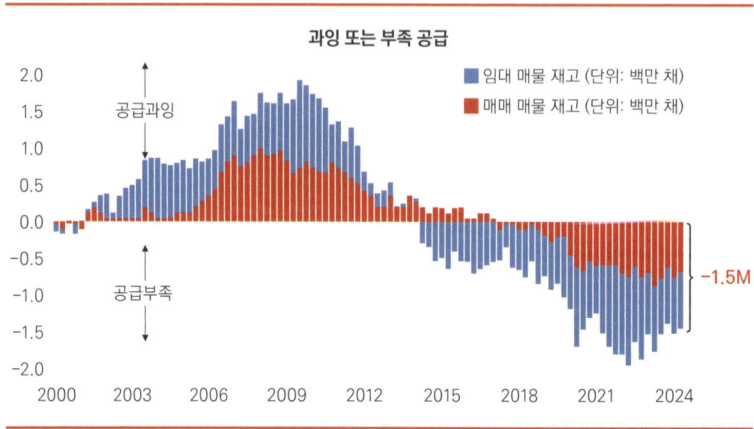

출처: Freddie Mac

[모기지 대출 전망]

- 높은 주택 가격에도 불구하고, 주택 구매를 위한 모기지 대출은 2024년부터 2025년까지 소폭 증가할 것으로 예상된다.
- 재융자Refinance는 2024년에는 대출 규모가 정체될 것으로 예측하나 2025년 모기지 금리 하락 시, 2023년에 높은 금리로 대출받은 차용인들이 낮은 금리로 재융자할 가능성이 높아져 재융자 대출이 완만하게 증가할 것으로 예상된다.
- 2024년과 2025년에는 주택 구매를 위한 모기지 대출과 재융자 대출이 증가하면서 전체 모기지 대출 규모가 점진적으로 확대될 것으로 예상된다.
- 프레디 맥의 경제, 주택 및 모기지 시장 전망서에서는 2024년은 높은 금리와 공급부족으로 인해 주택 시장과 경제 성장 모두 제한적일 것으로 예측하지만, 2025년에는 모기지 금리 인하와 수요 증가로 인해 주택 판매량과 모기지 대출이 점차 개선될 가능성이 크다고 전망하고 있다.

미국은 아직 많은 주택 소유자가 저금리에 고정되어 있어 높은 모기지 금리로 이미 가격이 상승한 주택을 구입하는 것을 꺼려하는 '고정 효과'에서 벗어나지 못하고 있다. 이에 따라 결과적으로 수요는 주택 공급을 계속 앞지르고 있으며 2025년에도 그럴 가능성이 크게 보인다. 그러나 2022년 이후 고금리 시기에 주택을 구매했던 주택 소유자들은 2025년에 예상되는 6%대의 모기지 금리 환경에서는 주택을 매매할 가능성이 있을 것으로 보여, 기존 주택의 재고는 좀 더 시장에 추가될 것으로 보인다. 대부분의 전문가들은 모기지 금리가 5%대 초반으로 떨어져야 기존 주택 매물 공급이 의미 있게 증가할 것으로 전망한다.

현재 기존 주택 재고도 느리게 보충되고 있고 일부 주에서는 재고가 2019년 수준을 넘어선 것으로 보고되고 있다. 그럼에도 퓨 자선신탁Pew Charitable Trusts 보고서에 따르면 현재 400만~700만 가구에 달하는 막대한 재고 부족을 충당하려면 훨씬 더 많은 공급이 필요할 것이라고 한다.

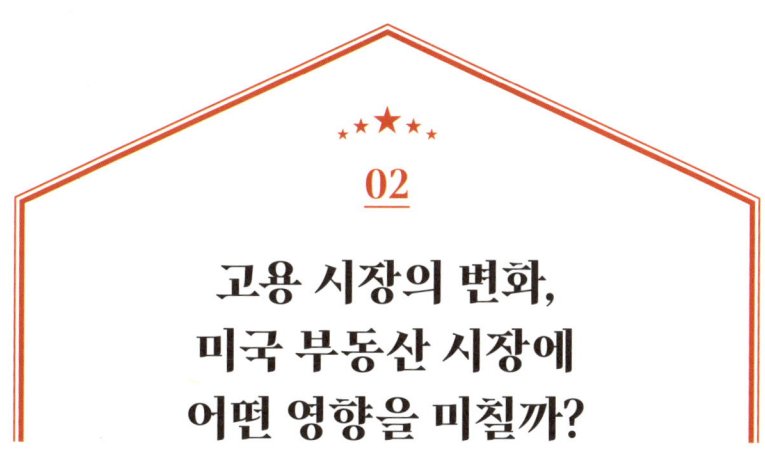

고용 시장의 변화, 미국 부동산 시장에 어떤 영향을 미칠까?

2024년 8월에 인플레이션이 둔화되고 노동 시장이 냉각되면서 9월에 연준은 기준금리를 인하하기 시작했다. 미국 노동통계국의 자료에 따르면, 24년 7월에는 일시 해고가 급격히 증가하면서 실업률이 4.3%를 기록했고, 8월에는 4.2%로 다소 하락했다. 미국의 연간 소비자 물가 지수는 7월에 2.9%에서 8월에 2.5%로 다소 하락했다. 그리고 9월 연준의 첫 금리 인하 발표 이후 연간 소비자 물가 지수는 10월에 2.6%, 11월에는 2.7%로 연속 상승했다.

2024년 미국 실업률(2024년 1월~11월 통계)

월	최초 발표 기준	수정 기준	변동
1월	3.7	3.7	0.0
2월	3.9	3.9	0.0
3월	3.8	3.9	0.1
4월	3.9	3.9	0.0
5월	4.0	4.0	0.0
6월	4.1	4.1	0.0
7월	4.3	4.2	-0.1
8월	4.2	4.2	0.0
9월	4.1	4.1	0.0
10월	4.1	4.1	0.0
11월	4.2	4.2	0.0

출처: 미국노동통계국

9월에 발표된 S&P 글로벌 연구 자료에 따르면, 2024년 실업률이 증가한 주된 이유는 노동 시장에 새로 진입한 사람들과 일시 해고가 크게 늘어난 데 있다. 반면, '영구적으로' 일자리를 잃은 사람들의 수는 거의 변함이 없었고, 실업률 상승에 미친 영향은 매우 적었다. 그리고 현재 노동력에 속하지 않지만 일자리를 원한다고 말하는 사람의 수는 거의 변화가 없었다. 또한 노동통계국은 비농업 임금 통계에 대한 부정적 데이터 수정안을 내놓았고 이로 인해 고용 위험에 대한 우려가 커졌다.

그러나 미국 노동통계국이 11월 말에 발표한 자료에 따르면,

11월 미국 일자리 시장은 예상보다 좋은 수치를 보이며 한 달 전보다 비농업 임금 일자리가 22만 7천 개 늘어났다. 24년 여름에 허리케인과 같은 기상 재해와 대규모 노동 파업으로 인해 노동 시장이 다소 냉각되는 징후가 나타나자, 연준은 9월에 기준금리를 인하하기로 결정했다. 하지만 최근 발표된 소비자 물가 지수 보고서에서 인플레이션이 다시 상승하고 있음이 나타나면서 12월 연준의 금리 인하 가능성에 대한 전망은 살짝 어두워지기 시작했다. 11월에 일자리가 상당히 증가했음에도 710만 명이 실업하면서 실업률은 4.2%로 약간 상승했다. 1년 전 630만 명이 실업했던 실업률 3.7%와 비교하면 0.5% 상승한 수치다.

9월에 발표된 모닝스타 연구 자료에 의하면, 2024년 1분기 기준으로 총 근무 시간은 전년 대비 0.7% 증가했다. 고용은 전년 대비 1.8% 증가했지만, 직원당 주당 평균 근무 시간은 1% 감소했다. 기업은 근무 시간을 줄여 노동 비용 증가를 완화해 왔다. 이 연구 자료에 의하면 실제로 기업들이 2025년 GDP 성장 둔화에 대응하여 노동비 성장을 공격적으로 늦출 것으로 예측하며 2024년 4분기까지 고용 증가율이 전년 대비 0.5%로 떨어질 것으로 전망했다. 또 이러한 고용 성장의 감소는 실업률을 증가시킬 것으로 전망하며 실업률이 2023년 평균 3.6%에서 2024년 3.9%, 2025년 4.4%, 2026년 4.5%로 상승할 것으로 예측했다. 그러나 앞으로 몇 년 동안 경제가 다시 회복되면 노동 시장이 회복되고 실업률은 다시 떨어질 것이라고 한다.

2024년 임금 성장은 여전히 전반적인 하락 추세를 보이고 있으며, 2024년 1분기 성장률은 4.4%로 1년 전 5%에서 하락했다. 2024년 후반과 2025년에 예상되는 노동 시장 침체는 임금 성장을 완전히 정상화하기에 충분할 것으로 보이며 그렇게 되면 인플레이션이 2%로 회복될 것으로 전망했다.

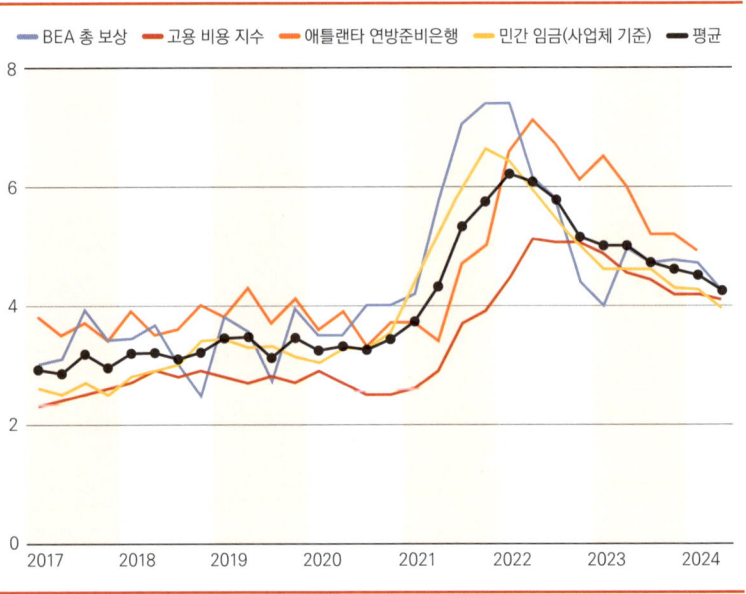

출처: 미국노동통계국

S&P 연구 자료를 기준으로 2024년은 장기 평균 성장률 이상으로 경제 성장을 보이겠지만, 2025년에는 장기 평균 성장률 이하로 둔화될 것이며, 실업률은 더 오르고 물가 상승률은 더 낮아질 것으로 전망했다. 따라서 연준은 기준금리를 점진적으로 인하할 것으로 보고 있으나 이러한 연준의 금리 인하의 목적은 경제 성장률이 너무 낮아지는 것을 예방하려는 것이지 경제를 즉각적으로 활성화하려는 목적은 아니라는 것이다.

다음 페이지의 도표를 보면 알 수 있듯이 2024년 4분기를 기점으로 경제 성장률과 금리가 중립되는 상태로 전환되기 시작하여 2025년에는 경제 성장률이 좀 더 둔화되면서 실업률이 증가할 것이며 금리가 인하되는 해로 전환될 것으로 전망했다.

S&P 글로벌 레이팅 미국 경제 전망

주요 지표	2019	2020	2021	2022	2023	2024F	2025F	2026F
(연평균 % 변화)								
실질 국내 총생산 (GDP)	2.5	-2.2	5.8	1.9	2.5	2.7	1.8	1.9
6월 대비 변						0.2	0.1	0.1
실질 GDP(Q4/Q4)	3.2	-1.1	5.4	0.7	3.1	2	1.8	1.9
6월 대비 변						0.2	0.1	0.1
소비 지출	2	-2.5	8.4	2.5	2.2	2.5	2.2	2.1
설비 투자	1.1	-10.1	6.4	5.2	-0.3	3	4	3.6
비주거용 구조물 투자	2.5	-9.5	-3.2	-2.1	13.2	4.7	1.3	0.9
주택 투자	-1	7.2	10.7	-9	-10.6	3.8	0.8	4
소비자 물가지수(CPI)	1.8	1.3	4.7	8	4.1	2.9	2	2.4
근원 소비자 물가지수(Core CPI)	2.2	1.7	3.6	6.2	4.8	3.4	2.5	2.1
근원 개인소비지출 (PCE) 물가지수	1.5	1.5	4.9	5.1	3.2	2.8	2.1	1.9
노동 생산성 (Labor Productivity) (총 고용 대비 실질 GDP)	1.1	3.9	2.8	-2.2	0.2	1	1.1	1.5
연평균 수준								
실업률	3.7	8.1	5.4	3.6	3.6	4.1	4.4	4.4
주택 착공 수 (백만 단위)	1.29	1.39	1.6	1.55	1.42	1.35	1.36	1.4
경차 판매량(백만 단위)	17	14.5	15	13.8	15.5	15.5	15.8	16
10년 만기 국채 수익률(%)	2.1	0.9	1.4	3	4	4.1	3.4	3.4
연방기금 금리(%)	2.2	0	0.1	1.7	5	5.1	3.5	3.1
연방기금 금리 (4분기 평균, Q4 Average)	1.6	0.1	0.1	3.7	5.3	4.6	3.1	3.1

출처: 미국노동통계국

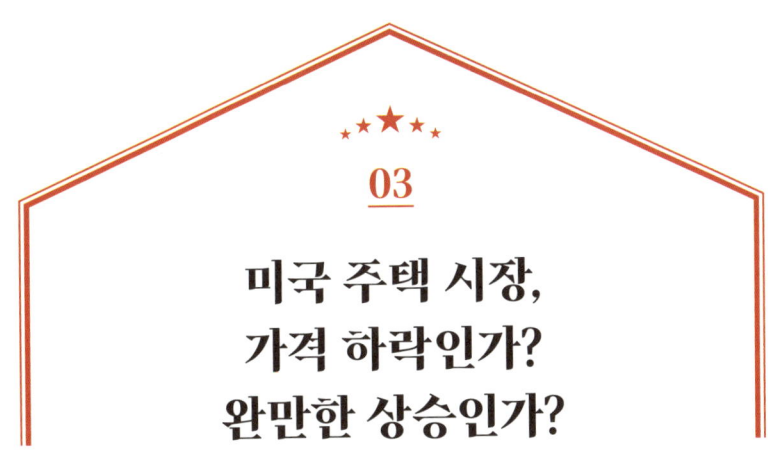

03
미국 주택 시장, 가격 하락인가? 완만한 상승인가?

2024년은 2023년에 이어 높은 모기지 금리, 높은 주택 가격, 부족한 재고로 인해 주택 구매자들에게 쉽지 않은 한 해였다. 높은 주택 구매력을 요구하는 시장에서 주택을 소유한다는 것이 쉽지 않았고 특히 고물가 지역에서는 빈부의 격차가 더 커질 수밖에 없는 상황이었다.

이미 앞에서 언급했듯이 2025년 미국 주택 시장은 미국 모기지 금리의 변화가 많은 영향을 미칠 것으로 보고 있다. 모기지 금리의 하락은 수요와 공급 그리고 거래량을 증가시키고 좀 더 정상적인 미국 부동산 시장을 형성할 것으로 본다.

1. 주택 수요의 변화

2023년에 이어 2024년에도 높은 모기지 금리가 지속되었지만, 시장에 진출하는 구매자들은 적지 않았다. 주택 구입 비용이 증가한 상황에서도 저가 주택을 찾는 투자자들과 실수요자들이 여전히 시장의 핵심 수요층으로 자리하고 있다.

미국 부동산 시장에서 수요를 측정하는 한 가지 방법은 주택이 매물 가격보다 높은 가격에 판매된 비율이다. 2024년 11월, 레드핀 자료에 따르면 미국 주택의 26.5%가 매물 가격보다 높게 판매되었으며, 가격이 하락한 주택은 18.5%에 그쳤다. 매물 가격 대비 판매 가격 비율은 98.8%로 나타났다. 이는 팬데믹 기간의 과열된 시장과 비교할 수는 없지만, 여전히 판매자가 유리한 시장이 구매자가 우위를 점하는 시장보다 더 많다는 것을 알 수 있다. 특히 일부 지역에서는 높은 모기지 금리에도 불구하고 구매력이 있는 수요자들이 주택 구입에 적극적으로 나섰음을 보여준다. 전반적으로, 지난 2년 동안 구매자 수요는 안정적으로 유지되었다. 일반적으로 주택 구매 수요는 여름에 증가하고 겨울에 감소하는 계절적 패턴을 보인다. 그러나 2025년에 모기지 금리가 계속 하락할 경우, 수요는 계절과 관계없이 증가할 가능성이 높다.

2024년은 높은 금리와 가격으로 신규 구매자가 줄어들었지

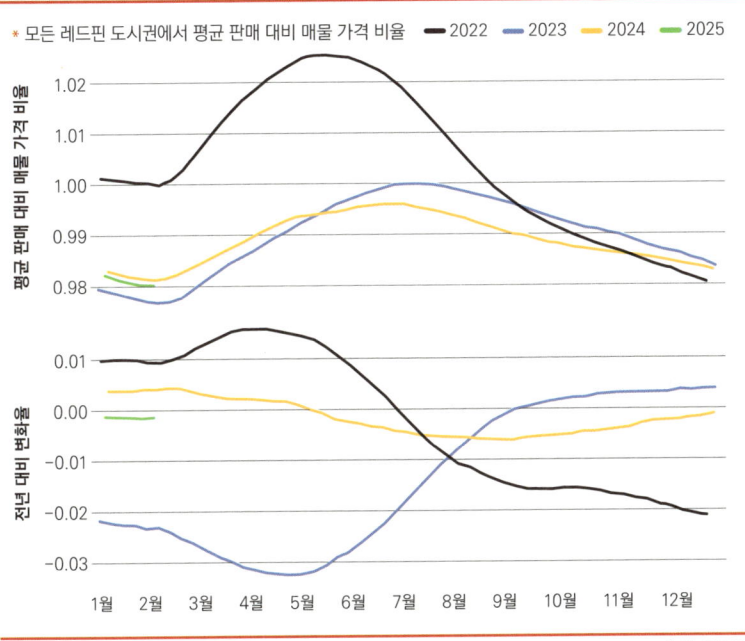

만, 재구매자와 현금 구매자가 시장을 주도했다.

지난 11월에 발표된 미국 부동산중개인협회의 2024년 주택 구매자 및 판매자 프로필 보고서에 따르면, 첫 주택 구매자의 평균 연령은 사상 최고치를 기록했다. 전체 구매자의 평균 연령은 56세로 2023년 49세에서 크게 상승했으며, 신규 구매자의 평균 연령은 38세(전년 35세), 재구매자는 61세(전년 58세)로 집계되었다. 이는 높은 주택 가격과 이자율로 젊은 세대가 시장 진입에 어려움을 겪고 있음을 보여준다. 또한 2023년과 비교해 구매자의 소득 역시 소폭 증가했다. 첫 주택 구매자의 중간 가구 소득은 9만 5,900달러에서 9만 7,000달러로 전년 대비 증가했으며, 재구매자의 중간 가구 소득은 11만 1,700달러에서 11만 4,300달러로 상승했다. 이는 주택 구매의 진입 장벽이 높아지면서 더 높은 소득을 가진 사람들이 주도적으로 시장에 진입했음을 보여준다. 기혼 부부의 비율은 전체 구매자의 62%로 증가했으며, 미혼 여성 구매자는 20%로 소폭 상승했다. 반면, 미혼 남성 구매자는 8%로 감소했고, 미혼 커플은 6%로 줄어들었다. 이를 통해 안정적인 소득 기반을 가진 가구가 주택 시장에서 주도적인 구매자였음을 알 수 있다.

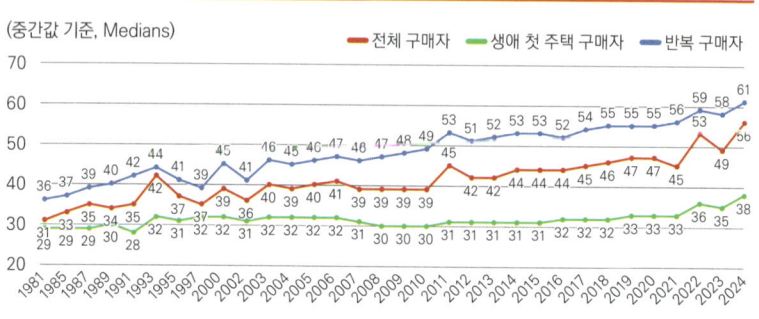

주택 구매자의 중간 연령 1981~2024

출처: 미국 부동산중개인협회

출처: 미국 부동산중개인협회

이렇듯 2024년 미국 주택 시장은 높은 금리와 주택 가격이라는 제약 속에서도 안정적으로 변화했다. 첫 주택 구매자는 줄어들었지만, 소득이 높은 재구매자와 현금 구매자가 시장의 중심이 되었으며 가족 중심의 주거 형태가 증가하는 점이 특징적이다.

이러한 2024년 수요 데이터를 기준으로 2025년 미국 주택 시장의 수요 변화를 전망하면 다음과 같은 주요 변화가 예상된다.

🇺🇸 첫 주택 구매자의 수요 회복

2025년에 모기지 금리가 완만하게 하락할 경우 금리에 민감했던 신규 구매자들의 수요가 일부 회복될 가능성이 있다. 특히, 2024년 신규 구매자의 시장 점유율이 24%로 사상 최저치를 기록한 점을 감안하면 억눌렸던 구매 수요가 다시 시장으로 유입

될 여지가 크다. 이와 더불어 신규 구매자의 상당수를 차지하는 밀레니얼 세대가 주택 구매 연령에 도달하고 있어, 모기지 금리가 하락하고 경제적 안정이 뒷받침된다면 이들의 구매 활동이 주택 시장의 새로운 활력을 불어넣을 것으로 기대된다.

🇺🇸 재구매자 수요 유지

재구매자의 평균 연령은 2025년에도 61세 수준으로 유지될 가능성이 높으며 이들은 기존 주택 자산을 활용해 높은 다운페이먼트를 지불하거나 현금 구매를 통해 시장에서 강력한 영향력을 발휘할 것으로 보인다. 이들은 경제적 안정과 유동 가능한 충분한 현금을 보유한 경우가 많아 재구매자 중심의 수요는 지속적으로 유지될 가능성이 크다. 또한 재구매자들의 주요 동기가 '더 나은 가족생활'과 '주택 크기 조정'이라는 점을 고려하면, 인구 고령화와 함께 이들의 수요는 꾸준히 이어질 것으로 전망된다.

재구매자들이 '주택 크기 조정'을 선택하는 이유는 다양하지만, 그 의미는 크게 두 가지로 나뉜다. 먼저, 다운사이징Downsizing은 고령층 재구매자들 사이에서 흔히 나타나는 경향으로 은퇴 후 더 작은 집으로 이사하거나 관리가 쉬운 주택을 선택하는 것을 말한다. 이는 주택 유지 비용을 줄이고 자산을 현금화하려는 실질적인 목적에서 비롯된다. 고령화 사회로 접어드는 현재, 이러한 다운사이징은 재구매자의 주요 동기로 자리 잡고 있다.

반면, 업사이징Upsizing은 젊은 재구매자들이나 자녀가 성장한 가족들에게 더 자주 나타나는 현상이다. 가족 구성원이 늘어나거나 생활 수준 향상을 위해 더 넓고 큰 집으로 옮기는 경우를 뜻하며, 특히 생애 주기에 따라 변화하는 주거 환경의 필요성을 반영한다.

🇺🇸 다세대 주택 및 가족 중심 주거의 수요 증가

2024년에 다세대 주택 구매 비율이 17%로 역대 최고치를 기록하며 경제적 부담 속에서 비용 절감을 추구하는 경향이 뚜렷하게 나타났다. 이 트렌드는 2025년에도 지속될 가능성이 높다. 높은 임대료와 주택 가격은 젊은 세대가 부모와 함께 거주하거나 가족과 자원을 공유하려는 선택을 강화하고 있다.

또한, 고령화 사회로 접어들면서 노령 부모를 돌보거나 성인 자녀와 함께 사는 다세대 주거 형태가 점점 더 보편화되고 있다. 이는 주택 구매가 단순히 개인적 필요를 넘어, 가족 전체의 삶의 질과 효율성을 고려한다는 것을 보여준다. 이러한 변화에서 경제적 요인과 사회적 요인이 결합하여 주택 시장에 새로운 트렌드를 형성하고 있음을 알 수 있다.

🇺🇸 지역 및 시장별 수요 격차 확대

고금리와 높은 주택 가격은 많은 구매자들이 더 저렴한 지역으로 이동하도록 만들고 있다. 특히, 선벨트 Sun Belt 지역과 같이 주택 가격이 상대적으로 낮고 일자리 성장이 활발한 지역은 2025년에도 수요가 집중될 가능성이 높다. 이러한 지역은 경제적 부담은 덜하면서도 고용 환경이 안정적이라 많은 사람들이 주목하고 있다.

한편, 재택근무가 일상화되면서 도심 외곽과 교외 지역의 수요는 꾸준히 유지되고 있다. 더 넓은 주거 공간과 쾌적한 생활 환경을 원하는 구매자들이 늘어나면서, 교외와 외곽 지역은 주택 시장에서 강세를 이어갈 것으로 보인다.

이렇듯, 라이프스타일과 경제적 요인이 맞물려 미국 주택 시장의 모습이 새롭게 변화하고 있다.

🇺🇸 고소득층과 현금 구매자의 수요 강세 지속

2025년에도 현금 구매자의 비중이 유지되거나 증가할 가능성이 높다. 고소득층은 금리에 크게 영향을 받지 않기 때문에 현금을 활용해 미국 주택 시장에서 꾸준히 강한 수요를 보일 것으로 예상된다.

이처럼 미국 주택 시장 수요의 변화에 대해서 전망을 해 보았다. 2025년에는 모기지 금리, 경제 상황, 그리고 매물 공급이 수요의 변화를 결정하는 주요 요인이 될 것이다. 금리가 하락하면 억눌렸던 신규 구매자의 수요가 증가할 가능성이 있지만 공급부족과 높은 주택 가격은 여전히 유효수요를 제한하는 주요 요인으로 작용할 것이다. 그럼 이제 2025년의 공급의 변화에 대해 전망해 본다.

2. 공급의 변화

미국은 2010년 이후 지속적으로 주택 공급부족을 겪어왔으며, 팬데믹 이후 이 문제가 더욱 심화되면서 주택 가격이 급격히 상승했다. 2024년에는 2023년보다 기존 매물의 공급량이 다소 증가하긴 했지만, 많은 판매자가 낮은 금리에 묶여 움직임이 제한되면서 여전히 팬데믹 이전 수준의 공급량을 회복하지 못하고 있었다. 그러나 2024년 말에 이르러 미국 주택 시장은 팬데믹 이후 변화된 환경 속에서 주택 재고가 꾸준히 증가하는 모습을 보였다.

　미국 부동산중개인협회에서 2024년 11월에 발표한 데이터에 따르면, 현재 미판매 주택 재고는 전년 대비 약 27% 늘어났으며 미국 대부분의 지역에서 2023년보다 더 많은 매물이 시장에 나와 있다. 일부 주에서는 팬데믹 이전의 '정상적인' 수준이었던 2019년보다도 더 많은 재고를 기록했다. 이러한 추세는 시장의 점진적 회복을 나타낸다. 미국의 총 주택 재고는 2024년 11월 133만 채로 미국 역사상 가장 최저치인 2022년 1월의 86만 채

미국 총 주택 재고

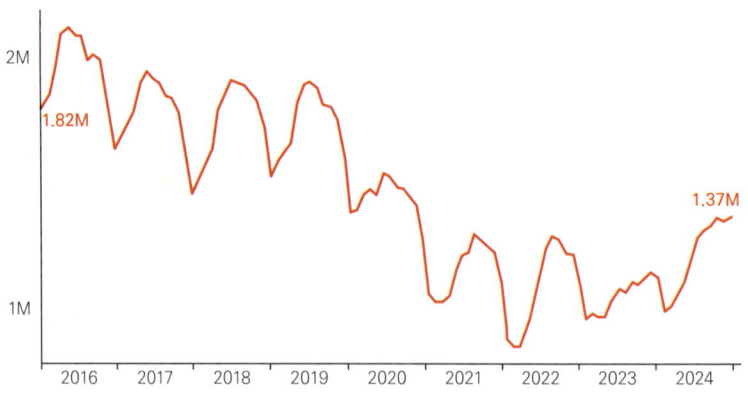

출처: 미국 부동산중개인협회

에 비해 많이 증가했다.

팬데믹 이후 지난 3년간, 미국 주택 시장은 재고가 꾸준히 증가하며 점차 안정화되고 있는 모습이다. 이는 팬데믹 이전 정상적인 재고 수준으로 천천히 복귀하고 있음을 보여준다. 이러한 흐름은 2025년에도 이어질 전망이며, 2024년보다 약 15% 더 많은 매물이 시장에 나올 것으로 예상된다.

또한 이러한 재고 증가는 지역별로 차이를 보이고 있다. 북동부와 중서부는 여전히 재고가 부족한 상황이지만 점진적인 증가세가 나타나고 있다. 반면, 남부와 선벨트 Sun Belt 지역은 상대적으로 증가한 주택 공급과 인구 유입의 영향을 받아 수요와 공급이 균형을 유지하고 있다. 이러한 지역적 특성은 재고 증가가 시장에 미치는 영향을 다양하게 보여준다.

2024년에는 매주 평균 8% 더 많은 판매자가 시장에 참여했다. 이 추세는 2025년에도 지속될 것으로 보인다. 새로운 매물의 증가는 구매자들에게 더 많은 선택권을 제공하여 경쟁을 완화시키며, 일부 시장에서는 주택 가격 상승 압력을 낮추거나 경우에 따라 가격 하락을 유도할 가능성도 있다. 이는 팬데믹 이후 불안정했던 시장이 점차 균형을 찾아가는 과정이라고 볼 수 있다. 결국, 재고의 증가는 시장의 정상화와 구매자와 판매자 간의 균형이 조정되는 중요한 계기가 될 것이다. 재고의 증가는 주택 시장이 보다 안정적인 구조로 나아가는 데 있어 중요할 것이다.

미국 주택 시장의 재고를 장기적인 관점에서 보면 팬데믹 이후 지난 3년 동안 꾸준히 증가했다. 2025년에도 이러한 재고 증가 추세는 지속될 것으로 예상된다. 이는 팬데믹 이후 불안정했던 시장이 점차 안정화되고 있음을 의미한다.

점진적 재고 증가

현재 시장에 나와 있는 주택 매물은 전년 11월 대비 약 20만 채 증가했지만, 2019년 11월과 비교하면 약 31만 채가 부족한 상태다. 이는 아직 정상적인 재고 수준으로 완전히 복귀하지 못했음을 나타낸다. 그러나 2025년 말까지는 정상 수준에 점점 가까워질 것으로 예상되며 구매자와 판매자 모두에게 긍정적인 영향을 미칠 것이다.

2025년에 경기 둔화나 침체의 가능성을 감안한다면, 재고의 급격한 증가는 2026년 이후에나 본격적으로 나타날 것으로 예상된다. 일반적으로 경기 둔화나 침체로 인해 매물이 시장에 나오기까지는 9~12개월 정도의 시간이 걸리기 때문이다. 따라서 2025년에는 재고가 증가하더라도 점진적으로 증가할 것으로 보인다.

🇺🇸 재고 증가의 지역별 차이

2025년에는 북부와 중서부 지역에서 주택 재고가 증가할 것으로 예상된다. 이 지역들은 팬데믹 기간 동안 재고가 상대적으로 부족했던 곳으로 주택 재고가 늘어나면서 시장이 점차 회복될 가능성이 높다.

팬데믹 이후 재택근무가 확대되면서 사람들은 더 유연하게 거주지를 선택할 수 있게 되었다. 이에 따라, 캘리포니아와 뉴욕 같은 고비용 지역의 거주자들은 더 저렴한 비용으로 넓은 주거 공간을 제공하는 텍사스, 조지아, 애리조나, 플로리다 등 선벨트 지역으로 이동했다. 따라서 이들 지역에서는 경쟁이 치열해지며 주택 가격과 거래량이 급격히 상승하는 현상이 나타났다.

그러나 팬데믹이 시작된 지 5년이 지난 현재, 이러한 주택 시장은 새로운 변화를 맞이하고 있다. 선벨트 지역으로의 순 유입 인구는 감소세를 보이고 있으며 주택 가치의 상승 압력도 점차 약화되고 있다. 이러한 변화는 2022년 이후 지속된 금리 인상이 주요 원인으로 작용했다. 금리가 높은 상황에서 기존에 낮은 금리로 대출받아 주택을 소유한 사람들은 이를 유지하려는 경향이 강해졌으며 이로 인해 인구 이동이 둔화되었다. 이러한 '고정 효과'로 인구 이동의 흐름이 둔화되어 일부 지역에서는 재고 부족이, 다른 지역에서는 재고 증가가 나타나는 양극화 현상이 두드러지고 있다. 흥미로운 점은 최근 들어 이러한 고정 효과로 둔화되었던 북부에서 남부로의 인구 이동이 다시 활성화될 가능성이 제기되고 있다는 것이다. 이는 지역별 경제 여건과 생활 환경의 변화에 따른 움직임으로 앞으로 주택 시장에 미칠 영향을 면밀히 관찰할 필요가 있다.

결론적으로, 2025년 미국 주택 시장은 지역별로 재고 증가의 다른 양상을 보이며 점진적으로 균형을 찾아가는 과정을 맞을 것이다. 특히, 북부와 중서부의 재고 증가와 선벨트 지역의 신규 주택 증가가 어떤 식으로 미국 부동산 시장을 변화시킬지 주목해야 한다.

팬데믹 이전과 비교한 판매 가능한 주택 재고
2019년 11월과 2024년 11월 사이의 변화

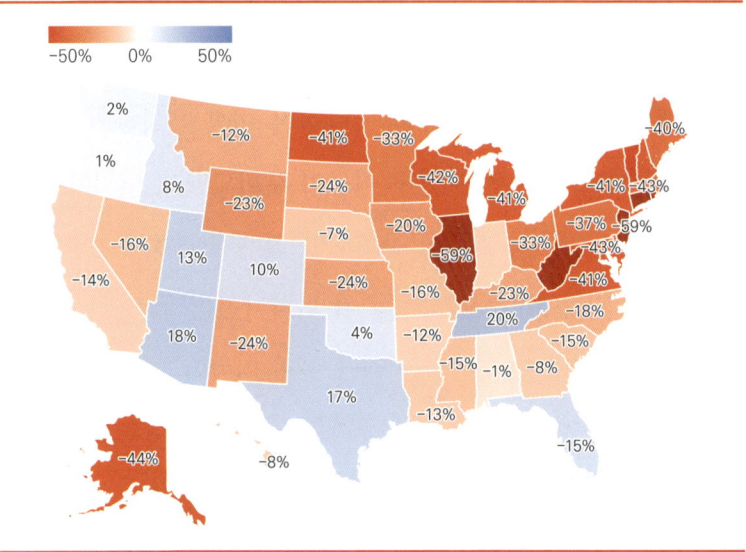

출처: ResiClub

🇺🇸 재고 증가가 미국 부동산 시장에 미칠 영향

재고가 늘어나면서 주택 구매자들은 더 많은 선택권을 가지게 되고 시장의 경쟁은 완화될 것이다. 이는 구매자들이 더 나은 조건에서 주택을 선택할 수 있는 환경을 조성하며 판매자들에게도 보다 현실적인 가격 조정을 요구할 수 있다.

특히, 2025년의 재고 증가는 미국 주택 시장의 정상화를 촉진하며 공급과 수요가 보다 균형 잡힌 구조로 전환되는 중요한 요인이 될 것이다. 다만, 모기지 금리가 시장 기대 수준까지 하락하지 않을 경우 그 증가 폭은 제한적일 수 있다. 이를 바탕으로, 2025년에 예상되는 거래량과 주택 가격의 변화에 대해 전망해 보자.

3. 거래량과 주택 가격의 변화

2024년 11월에 발표된 미국 부동산중개인협회의 데이터에 따르면, 2024년 11월 기존 주택 거래량은 415만 건으로 2023년보다 6.1% 증가했다. 또한 2024년의 미국 기존 주택 거래 중간 가격은 40만 6,100달러로 2023년 38만 9,300달러에 비해 4.7% 상승했다. 이는 일자리가 계속 증가하고 기존 주택 재고가 1년 전에 비해 늘어났으며 소비자들이 6~7% 사이의 모기지 금리라는 새로운 환경에 익숙해지면서 더 많은 구매자가 시장에 진입한 결과라고 보고 있다.

그럼, 2025년의 미국 기존 주택 거래량과 주택 가격은 어떻게 변화할지 미국의 주요 기관의 자료를 바탕으로 전망해 본다.

질로우는 2025년에는 시장이 서서히 안정을 찾으면서 주택 거래량은 증가하고 주택 가치는 소폭 상승할 것으로 예상했다. 또 2025년 주택 가격 상승률을 2.6%로 예상하는데 이는 2024년 상승률과 비교하면 비교적 낮은 편이다. 또한 기존 주택 매매의 경우 2025년에 430만 건을 예상하는데 이는 2024년의 기존 주택

미국 기존 주택 거래량

연도별		미국 전체	북동부	중서부	남부	서부	미국 전체	북동부	중서부	남부	서부	재고량	월별 공급량
2021		6,120,000	750,000	1,400,000	2,710,000	1,260,000	*	*	*	*	*	880,000	2.3
2022		5,030,000	620,000	1,190,000	2,250,000	960,000	*	*	*	*	*	960,000	2.7
2023		4,090,000	490,000	980,000	1,880,000	740,000	*	*	*	*	*	990,000	3.1
		계절 조정 연율 (Seasonally Adjusted Annual Rate)					계절 미조정 (Not Seasonally Adjusted)						
2023	Nov	3,910,030	480,000	950,000	1,810,000	670,000	300,000	40,000	75,000	135,000	50,000	1,130,000	3.5
2023	Dec	3,880,030	480,000	930,000	1,770,000	700,000	297,000	40,000	69,000	137,000	51,000	990,000	3.1
2024	Jan	4,000,000	480,000	950,000	1,840,000	730,000	234,000	29,000	51,000	110,000	44,000	1,010,000	3
2024	Feb	4,380,000	480,000	1,030,000	2,020,000	850,000	271,000	26,000	57,000	134,000	54,000	1,060,000	2.9
2024	Mar	4,220,000	500,000	1,010,000	1,930,000	780,000	325,000	33,000	72,000	157,000	63,000	1,110,000	3.2
2024	Apr	4,140,000	480,000	1,000,000	1,900,000	760,000	360,000	36,000	82,000	172,000	70,000	1,200,000	3.5
2024	May	4,110,000	480,000	1,000,000	1,870,000	760,000	405,000	43,000	98,000	187,000	77,000	1,280,000	3.7
2024	Jun	3,900,000	470,000	920,000	1,770,000	740,000	376,000	45,000	93,000	168,000	70,000	1,320,000	4.1
2024	Jul	3,960,000	490,000	920,000	1,800,000	750,000	390,000	51,000	96,000	171,000	72,000	1,340,000	4.1
2024	Aug	3,880,000	480,000	920,000	1,750,000	730,000	379,000	51,000	94,000	165,000	69,000	1,370,000	4.2
2024	Sep	3,830,000	460,000	890,000	1,720,000	760,000	330,000	43,000	81,000	144,000	62,000	1,360,000	4.3
2024	Oct r	3,960,000	470,000	950,000	1,770,000	770,000	348,000	44,000	87,000	150,000	67,000	1,370,000	4.2
2024	NovP	4,150,000	510,000	1,000,000	1,870,000	770,000	315,000	42,000	77,000	139,000	57,000	1,330,000	3.8
vs. last month:		4.80%	8.50%	5.30%	5.60%	0.00%	-9.50%	-4.50%	-11.50%	-7.3%	-14.90%	-2.90%	-9.50%
vs. last year:		6.10%	6.30%	5.30%	3.30%	14.90%	5.00%	5.00%	2.70%	3.00%	14.00%	17.70%	8.60%
year-to-date:							3.733	0.443	0.888	1.697	0.705		

* 연간 재고 수치는 각 연도의 12월 데이터를 기준으로 합니다.

출처: 미국 부동산중개인협회

미국 기존 주택 중간 가격

연도별		미국 전체	북동부	중서부	남부	서부
				중간값		
2021		$350,700	$386,400	$260,400	$309,200	$545,500
2022		386,400	417,400	278,800	351,500	601,700
2023		389,300	436,400	287,800	355,200	588,900
				계절 미조정		
2023	Nov	387,800	432,800	281,500	351,600	603,900
2023	Dec	381,400	428,200	273,900	349,800	579,900
2024	Jan	378,600	434,200	270,800	344,400	572,100
2024	Feb	383,800	420,500	279,400	352,100	593,000
2024	Mar	392,900	434,700	292,000	358,300	605,500
2024	Apr	406,600	458,600	302,300	365,600	629,600
2024	May	417,200	479,100	315,800	370,500	630,200
2024	Jun	426,900	521,500	326,600	373,400	629,900
2024	Jul	421,400	505,100	321,300	369,600	629,500
2024	Aug	414,200	503,200	316,400	362,800	620,700
2024	Sep	406,700	480,800	306,400	360,300	616,500
2024	Oct r	406,800	472,900	305,400	361,200	627,700
2024	Nov p	406,100	475,500	302,000	361,300	628,200
	vs. last year:	4.70%	9.90%	7.30%	2.80%	4.00%

출처: 미국 부동산중개인협회

거래량보다 약간 증가한 수치이다. 질로우는 구매할 만한 주택을 찾는 데는 여전히 어려움이 있겠지만, 구매자들은 시장에 더 많은 주택이 나올 것으로 기대하여 구입할 주택을 선정하는 데 시간이 더 걸릴 것으로 예상했다.

레드핀은 2025년에 기존 주택 매매가 증가하여 410만~440만 건이 될 것으로 예상했다. 높은 주택 가격으로 일부 잠재 구매자가 주택 구입 비용을 감당하지 못할 수 있겠지만 시장에는 상당한 양의 억눌린 수요가 있을 것으로 예상했다. 반면, 모기지 금리가 2025년에 주택 구입을 활발하게 할 정도로 하락하지는 않을 것이기 때문에 판매자들은 주택을 쉽게 팔려고 하지 않을 것으로 예상했다. 그러나 예상보다 모기지 금리가 더 많이 하락하거나 주택을 구매하려는 수요가 증가하게 되면 거래량은 더 크게 증가할 수도 있을 것이라고 전망했다. 2025년에도 재고가 수요를 충족시킬 만큼 충분하지 않을 것으로 예상하며 미국 주택 판매 중간 가격은 꾸준히 상승하여 2024년보다 4% 더 높을 것으로 예상했다.

리얼터 닷컴은 2025년 기존 주택 거래량은 약간 상승할 것으로 예상하며, 거래 건수는 리얼터 닷컴의 데이터 기준으로 407만 건이 될 것으로 예상했다. 이는 2025년에도 주택 구매자와 판매자 모두 모기지 금리 변동에 민감하다는 것을 감안하면 2024년과 비교하여 거의 차이가 없을 것으로 보고 있기 때문이다. 리얼터 닷컴에 따르면, 2024년 9월, 시장에서 모기지 금리가 6.08%로 하락하자 기존 주택 판매가 9.9% 증가했다. 이는 시장에서 모기지 금리에 민감한 억제된 수요가 있음을 보여준다. 따라서, 2025년 미국 주택 가격 상승은 대략 3.7%로 약간 낮은 속도로 계속 상승할 것으로 예상했다.

또한, 리얼터 닷컴은 2025년 모기지 금리는 월평균 6.3%로

2024년보다 약간 낮을 것으로 예상하지만 기존 매물 재고는 2024년보다 11.7% 더 높을 것으로 예상했다. 따라서 이러한 공급 증가의 효과에서 오는 가격 하향 압력이 모기지 금리 하락으로 인한 가격 상향 압력보다 약간 더 강할 것으로 간주했다.

패니메이는 2025년 주택 시장이 현재의 흐름에서 크게 벗어나지 않을 것으로 예상하며, 지속적인 '고정 효과'로 인해 주택 거래 활동이 제한될 가능성이 높다고 분석했다. 패니메이는 2025년은 2024년과 비슷한 흐름을 보일 것이며 모기지 금리는 여전히 6%를 초과할 것으로 보았다. 따라서 주택 가격 상승률은 2024년의 기준에서 다소 완화되지만, 여전히 긍정적인 상승세를 유지할 것으로 예상했다. 또한, 주택 공급은 팬데믹 이전 수준보다는 부족할 것으로 보았다. 패니메이에 따르면 2025년에도 높은 모기지 금리로 인해 주택 구매 활동이 제한될 가능성이 크다. 다만 금리가 일시적으로 낮아지는 기회를 활용해 일부 주택 거래가 이루어질 수 있으나, 평균적으로 모기지 금리는 높은 수준을 유지하며 이는 부동산 거래 활동에 계속해서 부담이 될 것으로 예상했다.

다음은 패니메이가 예측한 2025년 미국 주택 시장의 5가지 주요 전망이다.

- 모기지 금리는 다소 하락할 가능성이 있지만, 여전히 6% 이상을 유지하며 높은 변동성을 보일 것으로 예상된다.
- 기존 주택 거래량은 30년 만에 가장 낮은 수준에 머물 가능성이 높다. 다만, 지역별 차이가 중요한 변수가 될 것이다.
- 신규 주택 시장은 상대적으로 전망이 밝고, 특히 신규 주택 건축이 용이한 지역에서는 더욱 활발할 것으로 보인다.
- 전국적으로 주택 가격 상승률은 완만한 우상향으로 유지될 가능성이 높다.
- 다세대 주택 시장은 큰 변화 없이 2024년 수준을 유지할 것으로 예상된다.

다음은 미국 주요 기관에서 전망하는 2025년 미국 기존 주택 거래량과 미국 주택 가격 상승률을 비교한 그래프다.

주요 기관별 2025년 미국 기존 주택 거래량 전망

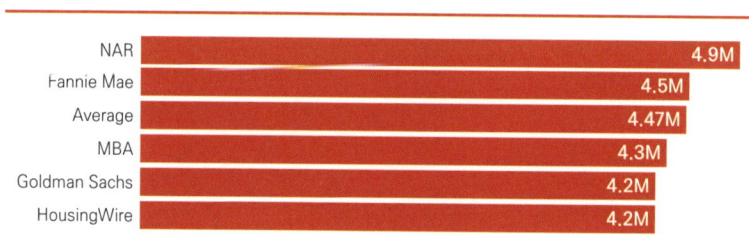

출처: Housing Wire

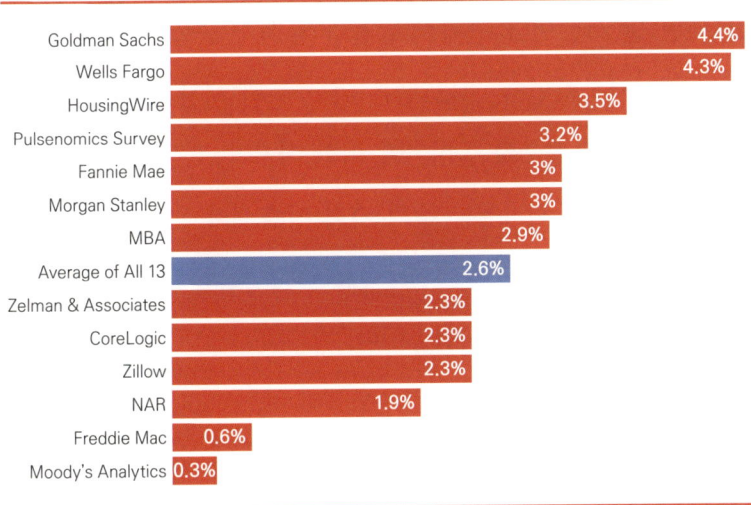

출처: Housing Wire

　미국 주요 기관에서 발표한 데이터를 종합해 보면, 2025년 미국 기존 주택 거래량은 대략 400만~490만 채 정도가 될 것으로 보인다. 주택 가격 상승률은 0.6~4.4% 정도로 전망하고 있다. 위의 그래프를 통해서 쉽게 짐작하겠지만, 미국 주요 기관에서 바라보는 2025년의 미국 기존 주택 거래량이나 주택 가격 상승률은 2024년과 비교하여 그리 밝은 전망은 아니지만, 거래량은 다소 증가할 것으로 예상되며 미국 주택 가격 상승은 완만한 상향이 유지될 것으로 보인다.

　지금까지 2025년의 미국 주택 시장의 변화와 주택 가격의 변화를 미국 주요 기관들의 자료들을 기준으로 정리해 보았다. 2024년 말부터 미국 경제 성장률과 금리가 중립적인 수준으로 전환되기 시작하면서, 2025년은 미국 주택 시장이 팬데믹 이전의 정상적인 모습으로 돌아가기 위한 마지막 조정의 해가 될 것으로 보인다. 이 시기에는 주택 가격 상승세가 완화되고 모기지 금리가 점차 하락하면서, 시장은 점진적으로 안정화되고 균형을 찾아가는 과정을 이어갈 전망이다.

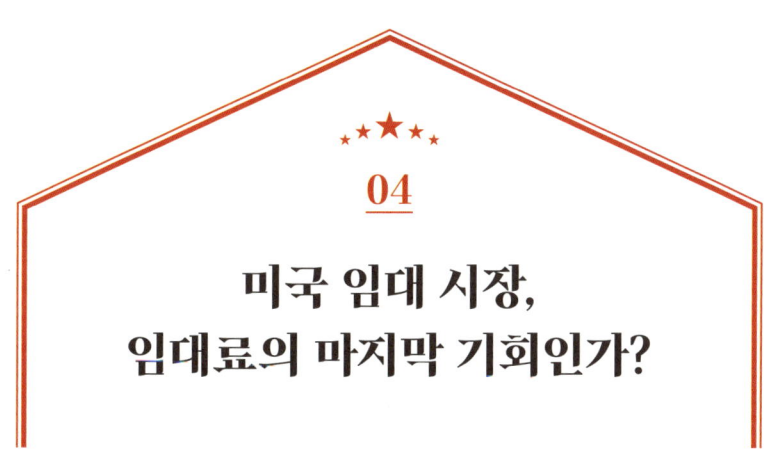

04
미국 임대 시장, 임대료의 마지막 기회인가?

2024년은 지역에 따라 다소 차이는 있었으나 전반적으로 인플레이션과 재고 부족으로 임대 주택 임대료가 계속 상승했다. 질로우의 11월 임대 보고서에 따르면, 2024년 10월 임대 주택 임대료는 2023년 같은 기간 대비 3.3% 상승했다.

하버드 대학교 주택 연구 공동 센터가 2024년 1월에 발표한 미국의 '임대 주택 보고서'에 따르면, 2022년에 임대료를 낸 2,240만 가구의 임대료는 역대 최고치를 기록했다. 연방 기준에 따르면 소득의 30%를 임대료에 지출한다는 것은 가계에 '적당히 임대료 부담이 있다'는 것을 의미하지만, 50% 이상을 지출한다는 것은 가계에 '심각한 임대료 부담이 있다'는 것을 의미한다. 이 보고서에 따르면 2022년에는 모든 임차인의 절반이 소득의 30% 이상을 임대료와 공과금에 지출했다.

미국 노동통계국이 12월 11일 발표한 최신 '소비자물가지수 CPI 보고서'에 따르면, 2024년 11월 기준으로 주거비 지수는 연간 인플레이션을 계속 앞질렀다. 임대료는 4.4% 상승하였고 반면 주택 가격 상승은 다소 둔화되고 있다.

이렇듯, 2020년 이후 미국 임대 주택 시장은 인플레이션, 재고 부족, 주택 소유의 어려움 등 다양한 요인이 복합적으로 작용하며 임대료가 급등했다. 반면 임금 상승 속도는 여전히 임대료 상승 속도를 따라가지 못하고 있다. 질로우의 분석에 따르면, 2019년 이후 임대료가 임금보다 1.5배 빠른 속도로 상승하고 있어 임대료는 점점 더 많은 가구에게 부담이 되고 있다. 일부 지역에서는 새로운 임대 주택 공급이 증가하면서 임대료 상승 속도가 둔화되는 조짐을 보이고 있다. 그러나 소득 증가가 임대료 상승을 따라잡지 못하는 한, 많은 가구가 주거 비용 부담을 계속 겪을 것으로 보인다.

2025년의 미국 임대 시장은 새로운 다세대 주택 공급 증가와 임금 상승으로 임대료에도 변화가 있을 것으로 보인다.

레드핀은 2025년 미국 중간 임대료가 전년과 비슷한 수준으로 유지될 것으로 예상한다. 임금 상승으로 임차인들이 임대료 부담을 완화할 수 있는 환경이 조성될 것이며, 새로운 다세대 주택 공급이 증가하면서 임차인 유치를 위한 시장 경쟁이 심화될 전망이다.

주택 구매 비용이 계속 상승함에 따라 많은 사람들이 임차인으로 남거나 새로운 임차인이 될 가능성이 높다. 그러나 다세대 주택의 신규 공급이 수요를 초과하면서 아파트 소유자들은 무료 주차, 1개월 무료 임대와 같은 혜택을 제공하면서 임차인을 유치하기 위한 경쟁도 배제할 수 없어 보인다. 반면, 높은 금리로 인해 주택 구매가 어려워지면서 임대와 매수 간의 부담은 더욱 커질 가능성이 있어 임차인 가구 수는 더욱 증가할 수 있다.

임차인 가구가 주택 소유자 가구보다 세 배 더 빠르게 증가

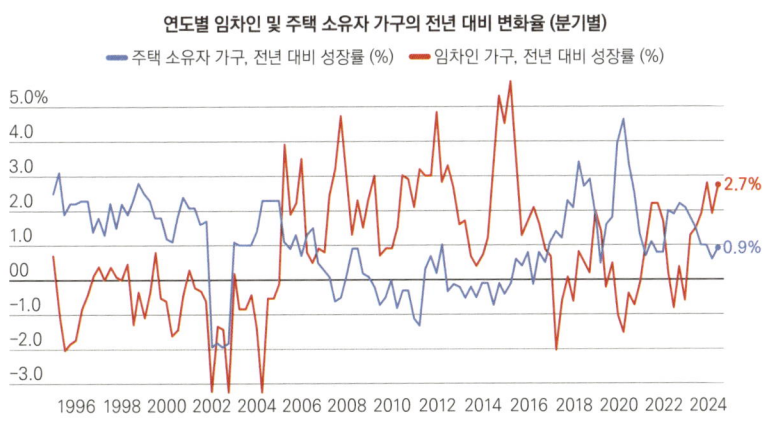

* 가장 최신 데이터는 2024년 3분기 기준입니다. 출처: 레드핀

리얼터 닷컴은 2025년에도 강력한 다세대 주택 공급이 임대 시장을 주도할 것으로 보며 임차인들에게 더 많은 임대 주택을 제공할 것으로 예상한다. 다세대 주택 공실률은 2024년 6.9%에서 점차 장기 평균인 7.2%에 가까워질 가능성이 높다. 2025년 중간 임대료는 2024년보다 약간 하락할 것으로 예상하며, 이는 임차인들에게 다소 긍정적인 소식이 될 것이라고 한다. 임대 주택 재고 증가율이 남부는 1.5%, 서부는 1.2%, 중서부는 0.9%, 북동부는 0.7%가 될 것으로 예상한다. 특히 남부 지역은 저렴한 임대료와 일자리가 증가로 2025년에도 상대적으로 저렴한 시장으로 남을 가능성이 크며, 뉴욕과 같은 고물가 도시에서는 도심 외곽으로의 출퇴근이나 유연한 근무 조건을 활용해 더 저렴한 주택 옵션을 찾는 임차인들이 증가할 것으로 예상한다.

질로우는 2025년에도 임차인들이 상대적으로 우호적인 시장 환경을 누릴 수 있을 것으로 전망한다. 2024년은 임대 할인을 제공하는 임대 매물의 비율이 역대 최고였으며, 이에 임차인들은 무료 주차나 한 달 무료 임대와 같은 혜택을 누릴 수 있었다. 그러나 이러한 혜택은 2025년 하반기에 접어들면서 점차 사라질 것으로 보인다. 2024년은 지난 50년 동안 가장 많은 다세대 임대 주택이 시장에 나와 임차인을 유치하기 위한 경쟁이 있었다. 그러나 2025년부터는 다세대 주택 건설의 감소로 이러한 경쟁은 점차 완화될 전망이다.

코스타 그룹CoStar Group이 11월에 발표한 자료에 의하면, 2025년과 2026년에는 신규 아파트 공급이 줄어 임대료가 상승할 가능성이 높을 것으로 예상된다. 팬데믹 이후 지속적으로 지어진 신규 다세대 주택 공급과잉으로 임차인들이 누려온 낮은 임대료의 시대는 끝나고 있어, 앞으로 임차인들은 새로운 가격에 적응해야 할 것으로 전망했다.

코스타 그룹은 임대 시장에 나타나고 있는 다음과 같은 주요 변화와 전망을 제시했다.

[임대료 상승세 재개]

- 2022년 1분기 이후 감소세를 보였던 전국 임대료가 다시 상승하고 있으며, 이는 대부분의 시장에서 공급과잉 상황이 종료되었음을 보여준다.

[임대료 성장률]

- 2024년 하반기 임대료 성장률은 역사적 평균인 약 3.5%와 비슷한 수준으로 회복될 것으로 보인다. 이는 2023년 3분기의 0.9%에 비해 크게 개선된 수치다.

[다세대 주택 공급 감소]

- 2024년 다세대 주택 완공 규모는 약 53만 3,000채로, 40년 만에

최고치였던 2023년 58만 8,000채에서 약 10% 감소할 것으로 예상된다.
- 2026년 완공 물량은 현재 착공 속도를 기준으로 단 25만 가구에 그칠 것으로 전망된다. 이는 2022년 1분기의 21만 가구 착공에서 2023년까지 급증하고 다시 2024년 6만 3,000가구로 급감하는 추세다.

[공급부족의 가능성]
- 2026년까지 수요가 현재 수준을 유지한다면, 시장은 공급과잉에서 공급부족으로 빠르게 전환될 가능성이 크다. 이로 인해 공실률이 급격히 하락하고, 임대료 상승은 역사적 평균을 넘어 더욱 가속화될 전망이다.

[건설 속도의 한계]
- 건설에 시간이 오래 걸린다는 점에서, 시장은 공급부족을 충분히 신속하게 해결하지 못할 수 있다. 이는 공급과 수요의 불균형을 심화시키고, 임대료 상승 압력을 더욱 높이는 요인으로 작용할 것이다.

코스타 그룹의 이러한 분석에 따르면, 2025년과 2026년은 미국 임대 시장이 중요한 전환점을 맞이하는 시기가 될 것으로 보인다. 2025년에는 신규 임대 아파트 공급이 줄어들면서 공급과잉이 해소되고 임대료는 상승세를 이어갈 것이다. 2026년에는 공급부족이 본격화할 가능성이 높아 공실률 감소와 함께 임대료 상승이 가속화될 전망이다.

2025년의 미국 임대 시장은 팬데믹 이후의 여파와 경제적 변화가 복합적으로 작용하면서 전환점을 맞이할 것으로 보인다. 높은 임대료는 여전히 많은 가구에게 부담으로 작용하고 있지만, 다세대 주택 공급 증가와 일부 지역에서의 임대료 상승 둔화는 긍정적인 신호를 보여주고 있다. 주요 도시는 여전히 높은 수요를 유지하고 있다. 임차인들은 원격근무 확대와 개인 생활 공간을 찾는 트렌드에 따라 주거지 선택의 폭을 넓혀가고 있다. 그러나 저렴한 임대 주택의 부족과 임대료의 불균형은 지속적인 문제로 남아 있다. 특히 소득 증가 속도가 임대료 상승을 따라가지 못해 많은 가구는 주거비 부담의 압박 속에서 생활하고 있다. 2025년의 임대 시장은 주택 공급과 임대료 부담 문제를 해결하기 위한 정책이 어떻게 전개되느냐에 따라 다각도로 변화할 것이다.

제 3 장

트럼프 2.0 시대, 2025년 미국 부동산 시장의 새로운 사이클

정책 변화가 이끄는
미국 부동산의 미래

U.S. REAL ESTATE TREND 2025

INTRO

2025년 미국 부동산 시장은 새로운 변화의 첫해가 될 것으로 보인다. 팬데믹 이후의 회복세와 경제적 변동, 기술 혁신, 그리고 글로벌 투자 트렌드의 변화는 미국 부동산 시장 전반에 걸쳐 강력한 영향을 미치고 있다. 이와 더불어, 새롭게 도입되는 정책들은 미국 부동산 시장의 방향성을 재정의하며 기존의 관례를 재편하고 있다.

3장에서는 미국 부동산 시장에서 주목해야 할 세 가지 주요 이슈를 살펴볼 것이다. 미국 부동산의 유형별 트렌드와 사이클의 변화, 글로벌 투자자들의 움직임, 그리고 트럼프 2.0 시대의 새로운 정책들이 미국 부동산 시장에 미칠 영향을 중심으로 미국 부동산 시장의 미래를 전망해 본다.

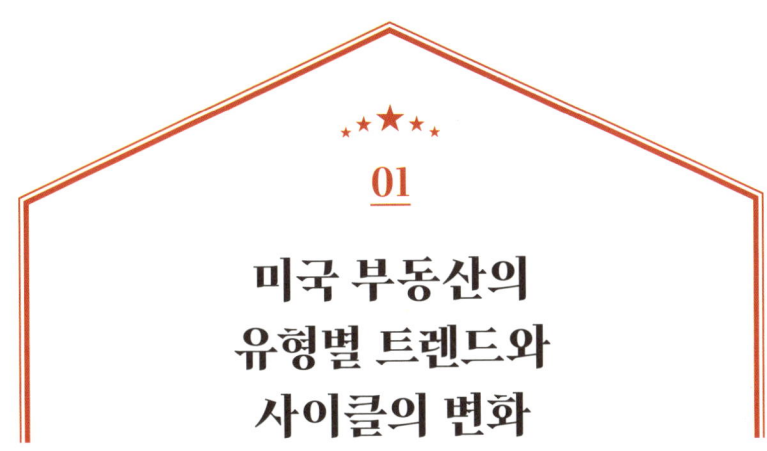

01
미국 부동산의 유형별 트렌드와 사이클의 변화

이미 1장에서 2024년 미국 상업용 부동산이 직면했던 주요 위기와 함께, 2024년 하반기로 접어들며 나타난 시장 변화의 조짐에 대해 다루었다.

2025년은 미국의 정치적 불확실성 외에도 2026년 이전에 만기 되는 1조 8,000억 달러 규모의 상업용 부동산 부채, 극심한 기상 조건으로 인해 발생한 경제적 손실, 급등하는 보험 비용, 그리고 여전히 높은 금리의 환경 속에서, 미국 부동산의 유형별 트렌드와 사이클이 다른 모습으로 전환될 것으로 보인다. 팬데믹 이후의 회복세와 경제적 변동, 기술 혁신, 그리고 미국 부동산 투자 트렌드의 변화는 미국 부동산 시장 전반에 강력한 영향을 미치고 있다. 특히, 트럼프 2.0 시대에 새롭게 도입되는 정책들로 미국 부동산 시장 전반에 걸쳐 새로운 변화가 예상된다.

CBRE와 딜로이트의 최근 자료에 의하면, 2025년에 접어들면서 상업용 부동산 시장은 비교적 안정적인 상태를 유지하고 있으며 심지어 부진했던 오피스 유형의 임대 점유율이 증가하면서 긍정적인 변화를 보이고 있다. 지난 팬데믹 이후, 높은 인플레이션, 금리 상승, 대규모 신규 건설 완료 등으로 인해 미국 상업용 부동산 시장은 심각한 상황에 직면했다. 그럼에도 불구하고, 미국 상업용 부동산이 이러한 어려움을 견뎌냈다는 점은 미국 상업용 부동산의 점진적인 회복을 입증한다. 2025년은 2024년보다 안정적인 시기에 접어들었다고 볼 수 있으나 여전히 많은 변화가 예상된다. 새 행정부 하에서 경제 정책이 변화할 수 있고 미국인들의 근무 방식은 여전히 유동적이다. 또한, 인구 이동은 선벨트 지역으로 집중되고 있으며 디지털 경제는 지속적으로 성장하고 있다. 2025년의 미국 경제 성장이 새로운 상업용 부동산 사이클로 전환될 것으로 예상되지만 여전히 잠재적인 위험이 공존하고 있다.

이제 2025년 미국 부동산 시장에서 주목해야 할 부동산 유형의 트렌드와 사이클의 변화를 살펴볼 것이다. 미국 부동산의 유형별 변화, 미국 금리의 변화, 미국 투자자들의 움직임, 그리고 새로운 정책이 부동산 시장에 미칠 영향을 중심으로 2025년 미국 부동산 시장의 유형별 트렌드와 사이클을 전망해 본다.

부동산 시장의 사이클은 회복, 확장, 공급과잉, 침체의 단계로 반복되는데 짧게는 1년이 될 수도 있으며 길게는 20년 이상이 될 수도 있다(가장 일반적인 시장 주기는 10년에서 20년 사이다).

사이클의 첫 번째 단계를 '회복 단계Recovery'라고 한다. 부동산 시장의 '침체 단계Recession'에서 벗어나는 순간이다. 시장이 느리게 개선되기 때문에 긍정적인 효과를 확인하려면 어느 정도 시간이 걸린다. 회복 단계는 부동산 가격이 낮은 상태를 유지하고 있고, 낮은 임대료, 높은 공실률을 보여준다. 신규 부동산 개발 역시 시작되지 않는다. 하지만 이 단계의 어느 시점에서는 경제가 개선되고 임대가 증가하며 공실률이 낮아지기 시작한다. 건설 중인 신규 부동산 개발이 없어서 공급량의 부족으로 시장의 재고가 서서히 감소하게 되고, 조만간 수요가 재활성화되면서 부동산 가격과 임대료가 상승하게 된다.

어느 시점에서 수요가 증가하면서, 사이클의 두 번째 단계인 '확장 단계Expansion'에 접어든다. 이 구간에서는 임대 공실률이 계속 떨어지고 공급량도 줄어들면서 임대료와 부동산 가격이 상승한다. 그리고 개발업자들이 신규 부동산 개발을 시작한다. 이 모든 것은 시간이 오래 걸리기 때문에 공급이 수요를 따라갈 수 없어 공급부족 현상이 발생한다. 시장에서도 공급보다 수요가 많아 가격은 계속 상승한다. 일반적으로 상당히 긴 시간 동안 이 단계에서 머무르게 된다. 공급이 수요를 초과하는 시기를 알 수 없어서 부동산 개발업자들은 계속 신규 부동산을 개발하게 된다.

그런 다음, '공급과잉 단계 Hyper-Supply'로 진입한다. 이 단계에서 많은 부동산 개발업자는 잇달아 신규 부동산 개발을 시작하고 일부 개발업자들은 개발을 마치게 된다. 명확한 위험 신호가 없어서 이 단계에서 개발되는 수많은 신규 부동산이 기존 물량에 계속 추가된다. 어느 시점에서 임대율은 다시 낮아지며 부동산 가격 역시 낮아진다. 공급과잉 단계의 마지막에서는 신규 부동산 개발 수가 줄어든다. 만약, 신규 부동산 개발이 줄어들지 않는다면 이 기간이 길어진다.

어느 순간 사이클의 마지막 단계인 '침체 단계 Recession'에 들어가게 된다. 이전 단계에서 건설되기 시작한 마지막 건축물들이 이 단계에서 완료되어 기존 재고에 추가 공급으로 이어지게 되며, 임대료와 부동산 가격은 계속 하락하다 결국은 바닥을 치게 된다. 이 단계에서 가장 낮은 임대율과 부동산 가격이 형성되면서 다시 '회복 단계'로 들어간다.

부동산 시장의 사이클은 여러 가지 요인과 단위로 구분된다. 여기서는 미국의 GDP 성장, 금리, 인구 증가, 인구의 이동, 자본환원율Cap Rate: Capitalization Rate과 그에 따른 부동산 수요와 공급의 변동에 따른 2025년 미국 상업용 부동산 유형별 시장 사이클을 살펴본다.

1. 거주용 부동산

2장에서 언급했듯이, 2025년의 모기지 금리는 팬데믹 기간동안 4% 미만의 낮은 모기지 금리로 주택을 구입했거나 재융자를 받은 많은 주택 소유자를 움직이게 할 정도로 하락하지는 않을 것으로 예상된다. 이에 따라 기존 주택 매물이 시장에 많이 추가되지는 않을 것이다. 반면 인구가 증가하거나 인구 유입이 많은 시장은 수요가 공급을 초과하게 될 것이고 반면 일부 시장은 그 반대의 시장을 형성할 것으로 본다. 그러나 미국은 10개 주를 제외하고는 여전히 팬데믹 이전보다 공급량이 부족한 상황이고 이러한 현상은 2025년에도 지속될 것으로 예상한다. 따라서 미국 단독 주택의 가격은 2025년에도 완만하게 상승할 것이라고 볼 수 있다.

아래의 2025년 단독 주택 유형의 시장 사이클을 보면 여전히 '확장 단계'에 있다고 볼 수 있다. 미국의 단독 주택 유형의 시장 사이클은 장기간의 공급부족으로 인해 꽤 오랫동안 확장 단계에 있다.

단독 주택의 시장 사이클

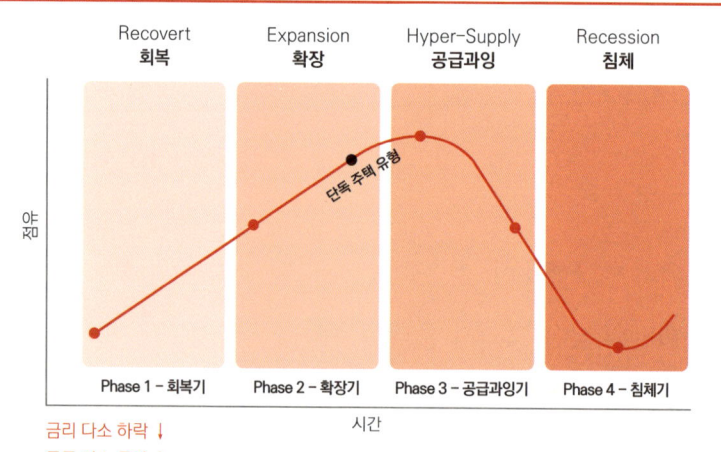

출처 : 뮬러의 부동산 시장 사이클 재구성: Turnkey Global Realty

2. **다세대 주택**

CBRE의 보고서에 따르면, 미국 다세대 주택 유형은 신규 건설 착공의 둔화로 신규 공급이 감소하여 이미 공급 정점을 넘겼으며, 점유율은 회복세에 접어들었다. 따라서 2024년에 임대료 성장률이 마이너스를 기록했던 시장도 2025년에는 플러스 성장을 보일 것으로 기대된다. 2025년 중반까지 다세대 주택 건설 착공은 2021년 최고치보다 74%, 팬데믹 이전 평균보다 30% 낮아질 것으로 예상된다. 신규 건설이 축소되면서 임차인의 수요가 높아지고 공실률은 낮아지며, 2026년에는 평균 이상의 임대료로 성장할 것이다. 이러한 임차인 수요는 이미 새로운 공급 물량의 상당 부분을 흡수했으며, 일부 시장에서는 일자리 창출과 인구 증가가 이를 뒷받침하고 있다.

또한 높은 주택 가격과 모기지 금리로 주택 구매 희망자의 많은 수가 임대로 눈을 돌리고 있다. 현재 주택 소유자의 약 80%가 5% 미만의 모기지 금리를 보유하고 있어, 고금리 환경에서는 주택 매도를 꺼리는 경향이 두드러진다. 따라서 2025년에도 임차 수요가 지속적으로 유지될 것으로 예상된다. 2025년에는 모든 지역 시장에서 신규 건설 축소, 임차인 수요 증가, 점유율 상승, 그리고 임대료 상승이 가속화될 전망이다. 결론적으로 2025년은 상업용 부동산 중 다세대 주택 유형이 미국 투자자들에게 매력적인 기회가 될 것으로 예상된다.

다음 페이지의 2025년 다세대 주택 유형의 시장 사이클을 보면 여전히 '회복 단계'에 있다고 볼 수 있다.

다세대 주택의 시장 사이클

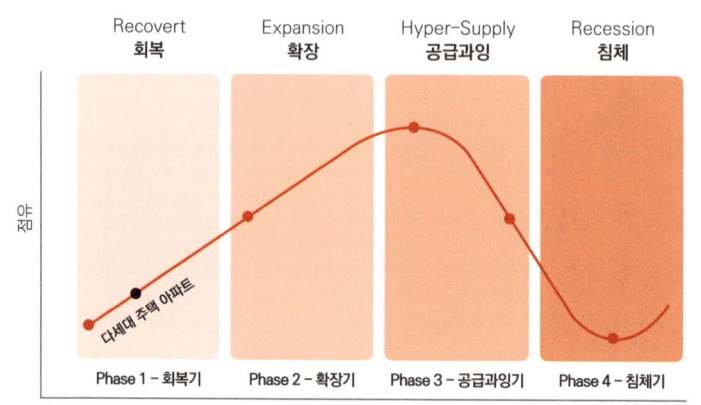

출처 : 뮬러의 부동산 시장 사이클 재구성: Turnkey Global Realty

3. 오피스 건물

블룸버그가 상업용 모기지 담보 증권CMBS 데이터를 분석한 결과, 11월 미국의 상업용 부동산의 오피스 건물 대출의 10% 이상이 연체 상태에 있는 것으로 나타났다. 미국 상업용 부동산 유형 중 약 20%가 오피스 건물임을 고려할 때, 오피스 건물의 대출 연체 문제는 상업용 부동산 시장의 부정적인 요인 중 상당 부분을 차지하고 있다고 볼 수 있다.

대부분의 상업용 부동산은 비교적 단기 만기 대출로 자금을 조달하며, 대출 만기 시 빌린 원금 상환을 요구한다. 이는 일반적으로 재융자를 통한 새로운 대출로 충당되지만, 금리가 높아지면 재융자를 통해 얻는 새로운 대출 상환금이 임대료로 들어오는 소득을 초과할 수 있다. 또한, 자산은 그 자산이 만들어내는 수익으로 가치가 매겨지기 때문에, 차입 비용이 증가하면 현금흐름이 낮아지고 자산 가치가 하락한다. 이러한 가치 하락으로 대출 기관은 건물을 담보로 한 재융자를 꺼리게 되며 이에 따라 많은 상업용 부동산 소유주는 대출 만기 시 추가 대출을 받는 데 어려움을 겪고 있다. 이러한 문제를 해결하는 방법으로 대출 은행에서는 차용인에게 대출 원금 상환 기간을 더 연장해 주는 방식으로 시간을 끌어왔다.

CBRE의 보고서에 따르면, 미국 상업용 부동산의 오피스 유형은 2025년에 중대한 전환기를 맞이할 전망이다. 시장이 안정화되면서 새로운 성장 사이클을 위한 기반이 마련되고 있다. 오피스 근무 환경이 점차 자리 잡고 미국 경제가 연착륙하면서 오피스 임차인들은 보다 확신을 가지고 사업 계획을 실행할 수 있게 되었다.

임차인들의 사업 전략도 변화하고 있다. 팬데믹 이후 사업 축소에서 사업 안정화와 확장으로 전환되어 오피스 유형의 수요가 증가할 것으로 예상된다. 이러한 긍정적인 변화와 더불어 신규 공급 감소와 금리 하락은 오피스 유형에 대한 낙관적인 전망을 뒷받침한다. 하지만 하이브리드 근무 방식으로 오피스 활용도는 여전히 낮으며, 여기에 대규모의 하위 등급(B, C 등급) 임대 공간의 낮은 수요가 더해져 공실률을 낮추기 힘들 수도 있다.

또한 A 등급과 B, C 등급 간의 격차는 2025년에 더욱 커질 것으로 보인다. 편의 시설이 잘 갖춰진 A 등급의 오피스는 꾸준히 임차인을 끌어들이는 반면, B, C 등급의 오피스 유형은 임차인을 잃을 위험이 높다. 더욱이 신규 건설이 감소하면서 A 등급 프라임 공간의 희소성은 더욱 커질 전망이다. 2025년 신규 오피스 공급은 약 1,700만 제곱피트로, 10년 평균인 4,400만 제곱피트에 비해 크게 감소할 예정인데, 미국 전체 오피스 공실률은 2025년에 19%로 정점을 찍을 것으로 보인다. 그리고 오래된 오피스 공간을 다세대 주택으로 전환하는 작업도 증가할 것으로 보이지만 이러한 전환 프로젝트가 오피스 시장 전체에 미치는 영향은 제한적일 것이다. 전반적으로, 오피스 유형은 금리 하락, 경제의 안정적 성장, 규제 완화, 오피스 관련 일자리 증가 등 긍정적인 요인에 영향을 받을 것이다.

오른쪽의 2025년 오피스 건물 유형의 시장 사이클을 보면 '침체 단계'에서 '회복 단계'로 전환되고 있다고 볼 수 있다.

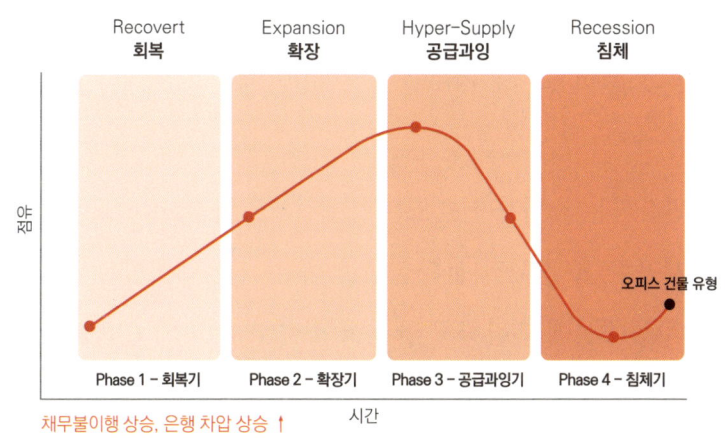

출처 : 뮬러의 부동산 시장 사이클 재구성: Turnkey Global Realty

4. 소매 유형

CBRE의 보고서에 따르면, 2025년의 소매 공간의 가용성은 여전히 제한적일 것으로 보인다. 금리가 낮아진다고 해도 자본 비용이 높아 새 프로젝트나 확장을 위한 자금 조달은 여전히 어려울 것이다. 2025년에 새로 공급되는 소매 공간이 거의 없을 것으로 예상되면서, 전체 소매 공간의 사용률은 여전히 역대 최저 수준에 머물며 임대료 상승으로 이어질 것으로 보인다. 그러나 일부 매장의 폐쇄는 더 많은 공간의 가용성을 제공하는 긍정적인 요인이 될 수 있다. 또한, 경쟁력 있는 소매업체들은 좋은 위치의 공간을 확보하기 위해 적극적으로 경쟁하고, 임차인들은 공급 중단 가능성에 대비해 장기 임대 계약을 체결할 가능성이 크다.

변화하는 소비자 선호도는 소매업체들에 기회와 위험을 동시에 제공한다. 경제적 불확실성과 높은 인플레이션은 소비자들이 더욱 예산에 민감하게 만들어 소비 지출의 약 65%를 차지하는 필수품 구매를 우선시하게 할 것이다. 이에 따라 소매업체들은 성과가 좋은 소매 유형 중 식료품점이 앵커로 자리 잡은 쇼핑센터에 더 큰 관심을 보일 것으로 전망한다.

또한, 전자상거래의 꾸준한 확장은 특히 의류와 전자제품 분야에서 소매업의 트렌드를 바꾸고 있다. 자동차와 휘발유를 제외한 전체 소매 판매 중 온라인 비중은 2024년의 23%에서 2030년에는 30%를 초과할 것으로 예상된다. 소비자들이 점점 온라인 쇼핑을 선호하면서 일부 소매업체들은 매장 수를 줄이고 매장 크기를 약 2%씩 축소하고 있다. 2025년에는 오픈형 네이버후드 센터 Neighborhood Center*, 커뮤니티 센터 Community Center**에 대한 수요가 증가할 것으로 보인다. 이는 소매업체들이 온라인 구매의

---

* 미국에서 가장 일반적인 쇼핑센터 유형으로 1개 앵커가 있는 일자형 쇼핑센터. 주로 지역 주민들을 대상으로 하는 소규모 형태의 쇼핑센터.
** 2개의 앵커가 있고 다양한 소매점들이 있는 쇼핑센터. 쇼핑센터 중 모양과 크기가 가장 다양.

픽업과 반품을 더 쉽게 처리하는 데 집중하기 때문이다. 과거 쇼핑몰에 주로 입점했던 소매업체들도 이러한 네이버후드 센터와 커뮤니티 센터로 확장 전환하고 있다.

네이버후드 센터(Neighborhood Center)

커뮤니티 센터(Community Center)

출처: Turnkey Global Realty

　소매업계가 계속해서 변화하면서 인구와 일자리가 증가하고 인프라 개선이 이루어지는 시장은 2025년에 소매 수요가 늘어날 것으로 보인다. 또한 모기지 금리가 하락하고 주택 거래가 좀 더 활발해지면 가구용품과 주택 개조 관련 소매 매장이 증가하고 주거 관련 소매 수요도 증가할 것으로 예상된다.
　다음 페이지의 2025년 소매 유형의 시장 사이클을 보면 '회복 단계'에서 '확장 단계'로 전환되고 있다고 볼 수 있다.

소매 유형 시장 사이클

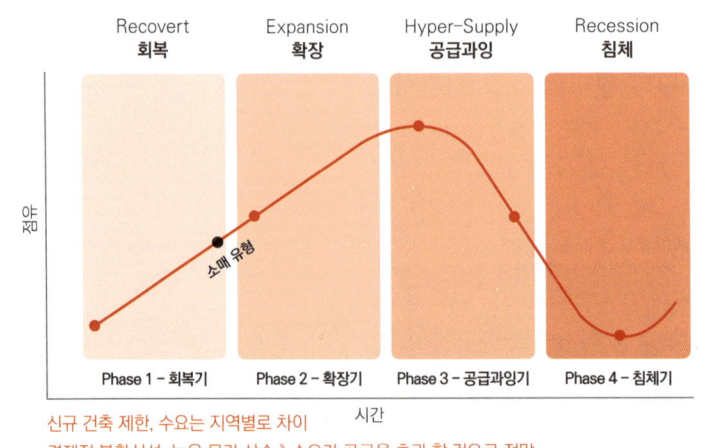

출처: 뮬러의 부동산 시장 사이클 재구성: Turnkey Global Realty

5. 산업용 부동산 및 물류 창고

CBRE의 보고서에서는 미국의 산업용 부동산과 물류 창고 유형은 2025년에 새로운 사이클로 접어들며, 팬데믹 이전의 수요로 다시 전환될 것으로 전망한다. 기업들은 창고를 더 효율적으로 운영하고 튼튼한 공급망을 구축하며 소비자의 변화하는 요구를 맞추기 위한 장기 계획에 집중할 것으로 예상된다. 따라서 신규 건물이 증가하면서 신규 건물을 선호하는 수요도 증가하고 기존의 오래된 건물들은 점점 더 공실률이 높아질 것이다. 또한, 2025년에는 기업들이 등급이 높은 공간으로 이동하면서 자동화와 인공지능을 활용하고 직원 편의시설을 강화할 것으로 보인다.

지난 24개월 동안 임대 점유율이 2021년과 2022년의 기록적인 수준에는 미치지 못했지만, 여전히 팬데믹 이전 수준을 크게 상회하고 있다. 2025년에는 임대 점유율이 연간 8억 제곱피트를 약간 웃도는 수준에서 안정화될 것으로 예상된다.

그러나 신규 건물의 상당 부분이 오래된 건물을 대체함에 따라 순 흡수율은 낮게 유지될 것으로 보인다. 2023년 1분기 이후 추가된 약 10억 제곱피트의 신규 건물 중 4억 제곱피트 이상이 2024년 3분기까지 공실 상태로 남아 있다. 신규 건설이 줄어들면서 2025년에는 완공이 절반으로 줄어들 예정이지만, 여전히 기업들은 좀 더 좋은 신규 건물로 이전할 것으로 보인다.

전자상거래는 자동차 및 가솔린을 제외한 총소매 판매에서 2024년 3분기에 23.2%라는 역대 최고치를 기록했으며, 2025년 말에는 25.0%에 이를 것으로 예상된다. 이에 창고 및 물류 공간에 대한 수요가 더욱 증가할 것으로 전망한다.

다음 페이지의 2025년 산업용 부동산 및 물류 창고 유형의 시장 사이클을 보면 '확장 단계'에서 '공급과잉 단계'의 전 단계로 전환되고 있다고 볼 수 있다.

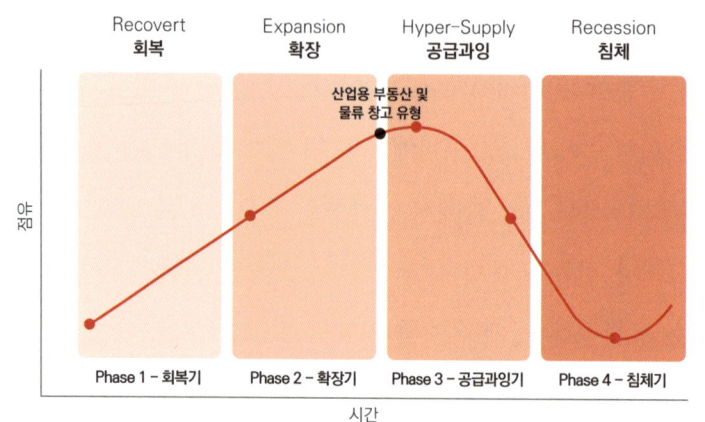

6. 데이터 센터

CBRE의 보고서에 의하면, 디지털 서비스, 클라우드 컴퓨팅, 인공지능, 5G의 급속한 성장은 데이터 센터 용량에 대한 수요를 꾸준히 증가시키고 있다. 휴대전화, 스마트 기기, 노트북 및 데스크톱에서 사용되는 애플리케이션이 점점 늘어나면서 데이터 처리, 저장 및 컴퓨팅의 필요성이 계속 커지고 있다. 이에 기록적인 신규 건설이 활발하게 진행되고 있음에도 불구하고 데이터 센터 시장은 수요를 따라가지 못하고 있다. 따라서 기존 시설의 활용률이 높아지고 공실률은 더욱 낮아지고 있다. 주요 시장의 평균 공실률은 역대 최저치인 2.8%로 떨어졌으며, 신규 건설의 사전 임대율*은 2024년에 역대 최고치를 기록했다. 이러한 상황은 2025년에도 계속될 것으로 보이며, 사전 임대율은 90% 이상으로 상승하고 임대료는 최고치에 근접할 전망이다.

2025년에는 건설 중인 데이터 센터의 규모가 기록적인 수준에 이를 것으로 예상된다. 그러나 심각한 전력 부족으로 많은 프로젝트가 장기간 건설 중인 상태로 머물러 있다. 전력 공급이 빠른 데이터 센터 신규 건축 개발 속도를 따라가지 못하면서 많은 프로젝트가 전력 인프라가 업그레이드되거나 확충될 때까지 지연되고 있다. 이에 따라 높은 수요 지역에서 제한된 전력 자원을 확보하기 위한 경쟁이 심화할 것이다. 또한 숙련된 인력이 부족하여 데이터 센터 신규 건축이 완료되는 데에는 시간이 더 소요될 것으로 보인다.

다음 페이지의 2025년 데이터 센터 유형의 시장 사이클을 보면 완전한 '확장 단계'에 있다고 볼 수 있다.

---

* 주로 부동산 개발 또는 건설 프로젝트에서 사용되는 용어로, 건물이 완공되기 전에 미리 임대 계약이 체결된 비율.

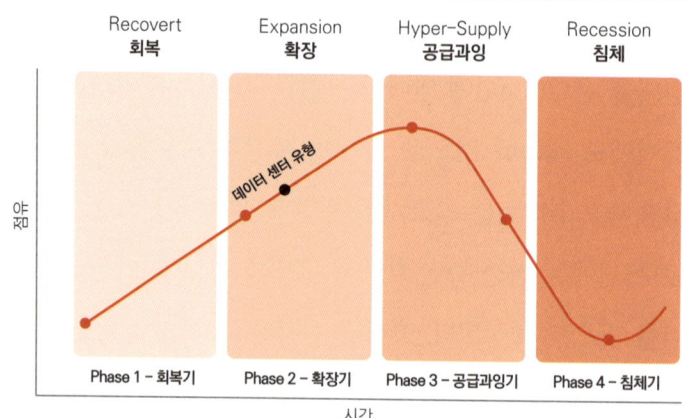

출처 : 뮬러의 부동산 시장 사이클 재구성: Turnkey Global Realty

7.   셀프 스토리지

셀프 스토리지는 '셀프서비스 스토리지'를 줄인 용어로 개인이나 회사가 물건을 보관할 장소를 임대하는 상업용 부동산 유형이다. 셀프 스토리지는 지난 팬데믹 기간의 2년 동안 기록적인 성장을 했으며 좋은 투자처로 급부상했다. 그 배경으로는 팬데믹으로 인한 원격근무와 재택근무 형식의 도입을 꼽을 수 있다. 이에 따라 미국 내 인구 이동이 활발해졌고 2021년 셀프 스토리지의 임대료는 역사상 최고치에 도달했다. 그러나 2022년부터 금리가 상승된 이후 긴축의 기간 동안 미국인들의 움직임이 둔화됨으로써 셀프 스토리지를 이용하는 수요가 감소하고 공급이 증가하면서 공실율이 증가했다.

아래의 2025년 셀프 스토리지 유형의 시장 사이클을 보면 '공급과잉 단계'에서 '침체 단계' 전 단계로 전환되고 있다고 볼 수 있다.

셀프 스토리지 시장 사이클

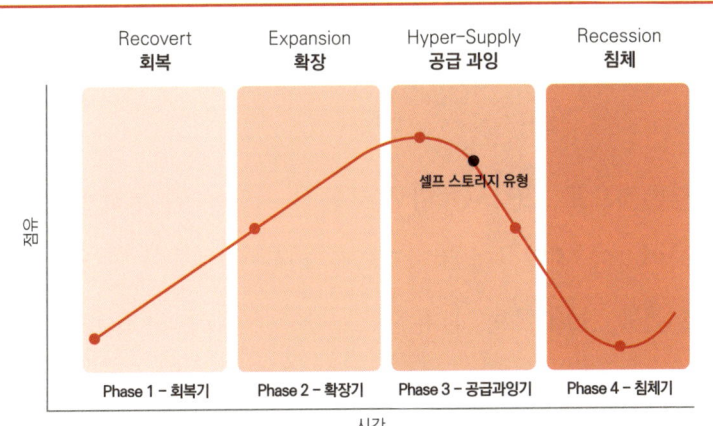

수요 감소 ↓, 공급 증가 ↑, 공실률 증가 ↑
물가 상승과 보험료 인상으로 임대료 증가 ↑

출처 : 뮬러의 부동산 시장 사이클 재구성: Turnkey Global Realty

지금까지 2025년의 미국 부동산의 유형별 트렌드와 사이클의 변화에 대해 정리해 보았다. 2025년 미국 부동산 시장은 각 유형별로 새로운 사이클로 전환되면서 일부 유형에서는 투자 활동이 회복되고 있다는 것을 알 수 있다. 특히, 오피스, 소매, 물류 창고, 단독 주택, 다세대 주택, 데이터 센터 등의 주요 부문에서 긍정적인 변화가 예상된다. 오피스 유형은 회복세를 이어가며 A등급의 오피스 공간이 부족할 것으로 보이고, 소매 유형은 교외와 선벨트 지역에서 수요가 증가할 것이다. 물류 창고는 전자상거래 성장의 영향을 받지만, 등급이 높은 공간에 대한 선호가 지속되며, 다세대 주택 유형은 높은 주택 소유 비용으로 인해 강한 임차 수요를 유지할 것으로 보인다. 또한 데이터 센터는 인공지능과 디지털 경제의 성장으로 크게 확장될 것으로 예상된다.

결론적으로, 2025년 미국 부동산 시장은 각 유형별로 새로운 사이클에 진입하며 전반적으로 회복과 성장이 기대된다. 오피스 건물, 소매 유형, 물류 창고, 다세대 주택, 단독 주택, 데이터 센터 등의 유형은 다양한 투자자들에게 새로운 기회가 될 것이다.

유형별 사이클

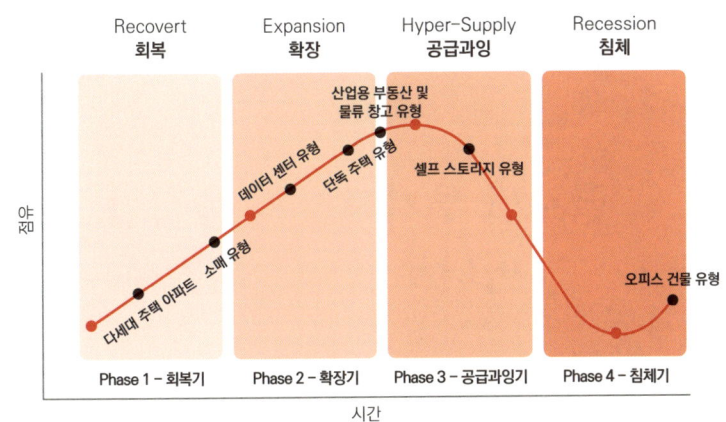

출처 : 뮬러의 부동산 시장 사이클 재구성: Turnkey Global Realty

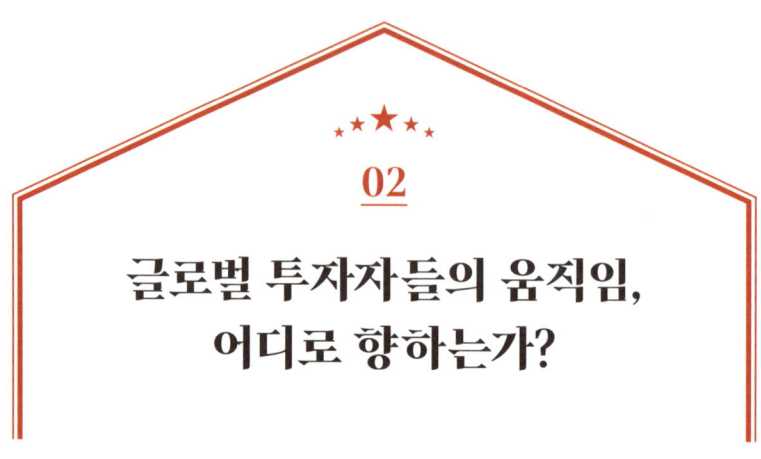

02
글로벌 투자자들의 움직임, 어디로 향하는가?

미국 부동산 시장은 더 이상 국내 구매자들에 의해 가격이 결정되는 단순한 지역적인 부동산 시장이 아니다. 글로벌 경제의 발전과 상호 연결되어 있는 미국 부동산 시장은 국제적인 투자 흐름과 경제적 요인의 영향을 받는 거대한 글로벌 네트워크 시장이 되었다. 미국 부동산 시장은 전 세계에서 투자자들을 끌어들이며 상업 및 거주용 부동산 유형에서 막대한 외국인 자본을 유치하고 있다.

　미국 부동산 시장은 글로벌 자본이 집중되는 시장이다. 경제적 안정성과 성장 가능성 그리고 상대적으로 투명하고 강력하지만 자유로운 법적 구조로 외국인 투자자들에게는 매력적인 투자처로 자리 잡고 있다. 그렇다면, 국제 투자자들은 왜 미국 부동산을 선호하며 이러한 투자가 미국 부동산 시장에 어떤 영향을 미치고 있을까?

미국은 세계 최대 경제 규모와 함께 안정적인 부동산 시장을 형성한다. 다른 국가의 정치적, 경제적인 불안정성에 비해 좀 더 안정적인 투자 환경이 조성되며 투명한 제도, 강력한 세금 혜택 그리고 안정적인 달러의 확보 등으로 많은 국제 투자자가 미국 부동산 시장에 관심을 가질 수밖에 없는 것이다. 또한 현금흐름이 안정적이며 장기적인 자산 가치 상승의 가능성이 높은 시장이다.

미국은 외국인이 미국 부동산을 소유하는 데 거의 제약이 없으며 세금 규정 또한 외국인 투자자에게 유리하게 설계되어 있다. 많은 외국인 투자자는 미국 부동산을 현금으로 구매하고 이를 담보로 대출을 받아 추가 투자를 진행하기도 하며, 첫 구매부터 외국인 대출을 받아서 구매하기도 한다. 이처럼 미국은 소비와 투자를 장려하는 제도를 근간으로 하기 때문에 미국에는 다양한 금융 상품이 많을 뿐만 아니라 미국 부동산 투자에 대한 세금 혜택 역시 강력하다. 이러한 요인들은 미국을 역사적으로 가장 안전하고 안정적인 부동산 시장으로 자리 잡게 한 원동력이 되었다. 일부 국가는 자본 유출 규제를 통해 외국 투자자의 자금 이동을 제한하기도 하지만, 미국 부동산 시장의 매력은 이러한 장벽을 극복하고 글로벌 투자를 유치할 만큼 강력하다.

이러한 외국인 투자는 미국 부동산 시장에 다양한 영향을 미친다. 미국의 경제 침체기 동안 외국 자본 유입은 미국 부동산 시장의 회복을 촉진하며 외국인 투자로 인해 미국 지역 시장의 세수와 공공 서비스 지원이 강화된다. 반면, 일부 지역 시장에서는 외국인 투자로 주택 가격이 상승하고 미국 현지 구매자들이 경쟁으로 주택 구매에서 어려움을 겪는 경우도 있다. 이렇듯 미국 부동산 시장은 외국인 투자로부터 상당한 영향을 받는다. 이는 궁극적으로 미국 부동산 시장이 글로벌 경제의 트렌드와 상호적으로 연결되어 있음을 보여준다. 즉, 미국 부동산 시장은 세계 경제와 긴밀하게 연결되어 있어 글로벌 경제의 변화가 미국 부동산 시장에 영향을 미치며 미국 부동산 시장 역시 세계 경제에 영향을 주기도 한다.

이처럼 외국인 투자자들의 움직임은 미국 부동산 시장에 있어 중요한 부분을 차지하기 때문에, '외국인 부동산투자협회'나 '미국 부동산중개인협회'에서는 참고 자료를 발표한다. 여기에는 국제 투자자가 투자하는 미국 부동산의 거래 수와 거래액이 포함되며, 이들이 미국 부동산 가격에 미치는 영향을 분석한다.

2024년 7월에 '미국 부동산중개인협회'에서 발표한 '국제거래보고서'에 따르면, 2024년 미국 주택 시장에서 외국인 구매자의 활동이 급격히 줄어들었다. 2023년 4월부터 2024년 3월까지 외국인 구매자들이 구매한 주택 수는 전년도 같은 기간 대비 36% 감소했으며, 2009년 관련 데이터를 수집하기 시작한 이후 최저치를 기록했다. 이유는 높은 주택 가격, 낮은 재고 그리고 달러 강세였다. 특히 달러 강세는 외국인들이 미국 주택을 훨씬 더 비싸게 구매하는 결과를 초래하기 때문이다.

외국인 구매자들의 거래량은 지난해보다 줄어들었지만, 평균 구매 가격은 역대 최고치를 기록했다. 평균 구매 가격은 78만 300달러, 중간 가격은 47만 5,000달러로 기록적인 금액을 지불했으며, 외국인 구매자의 약 18%는 100만 달러 이상의 주택을 구매한 것으로 나타났다. 이는 미국 부동산 가격 상승에 영향을 주었다. 또한 높은 주택 가격과 낮은 재고는 외국인과 미국인 모두에게 구매를 어렵게 만드는 주요 요인으로 지적되었다.

설문조사에 참여한 미국 부동산 전문인 중 36%는 외국인 고객들이 미국 주택을 구매하지 않은 가장 큰 이유로 살만한 주택 매물을 찾지 못한 점을 꼽았으며, 33%는 높은 주택 구입 비용을 주요 이유로 들었다.

미국 부동산중개인협회의 2024년 '국제거래보고서'에 의하면, 미국 주택을 구매한 주요 외국인 구매자의 국적은 1위가 캐

2024년 외국인 구매자와 전체 구매자가 구입한 기존 주택의 중간 가격

출처: 미국 부동산중개인협회

2024년 외국인 구매자들이 미국 주택을 안 사기로 한 이유

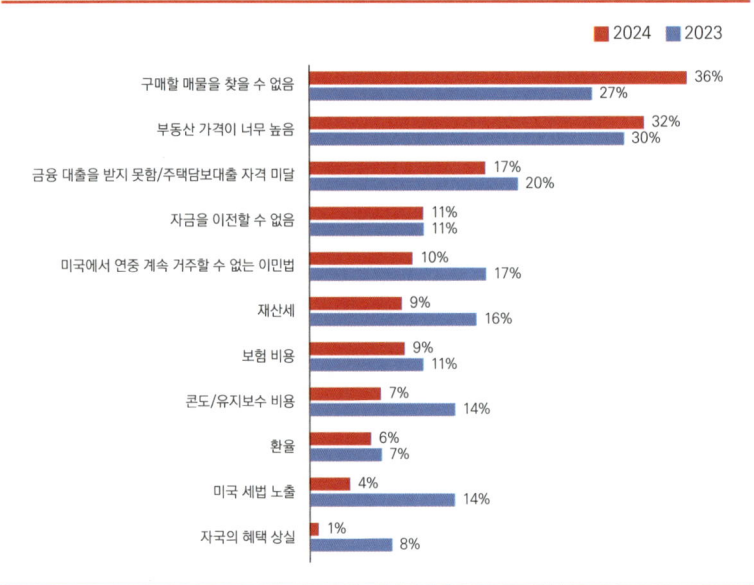

출처: 미국 부동산중개인협회

나다로 외국인 구매자의 13%를 차지했고 총구매액은 59억 달러였다. 2위는 중국, 외국인 구매자의 11%를 차지했고 총구매액은 75억 달러, 3위는 멕시코, 외국인 구매자의 11%를 차지했고 총구매액은 28억 달러, 4위는 인도, 외국인 구매자의 10%를 차지했고 총구매액은 41억 달러, 그리고 5위는 콜롬비아로 외국인 구매자의 4%를 차지했고 총구매액은 7억 달러였다.

2024년의 기록을 통해 알 수 있듯이 캐나다 투자자들은 미국 부동산 시장의 외국인 투자자들의 거래 수에서 선두를 차지하고 있을 뿐만 아니라, 점유율을 확대하며 연속적으로 최상위를 유지하고 있다.

그 이유는 무엇일까?

첫째, 환율의 안정성 때문이다. 캐나다 달러는 2023년 한 해

외국인 구매자의 미국 기존 주택 구매량 (단위: 1천채)

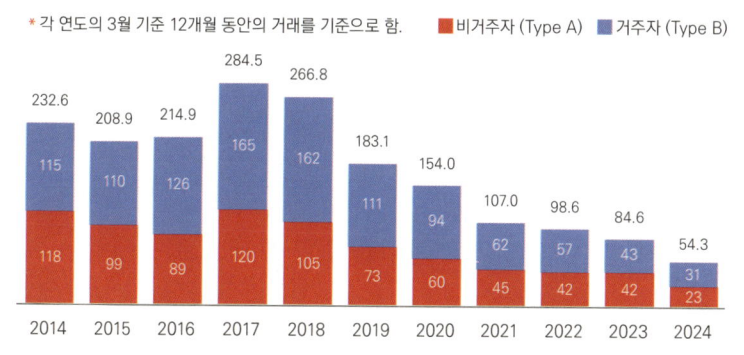

출처: 미국 부동산중개인협회

외국인 구매자의 미국 기존 주택 구매 달러 거래량 (단위: 10억 달러)

출처: 미국 부동산중개인협회

동안 미국 달러 대비 3.6% 하락에 그쳐, 비교적 안정적인 구매력을 유지했다. 이러한 환율의 안정성 덕분에 캐나다 투자자들은 여전히 미국 부동산에 여유 있게 투자할 수 있었다.

둘째, 가격 경쟁력 때문이다. 캐나다 주요 도시의 부동산 가격은 미국에 비해 훨씬 비싸다. 토론토의 제곱미터당 평균 가격은 캐나다 달러로 1만 2,504달러인데 이는 미국 달러로 계산하면 대략 9,250달러로, 로스앤젤레스의 제곱미터당 평균 가격인 4,760달러와 호놀룰루의 6,280달러보다 두 배 이상 비싸다. 이러한 가격 차이는 많은 캐나다 투자자가 미국 부동산을 휴가용 주택, 투자용 주택, 그리고 은퇴를 위한 주택으로 구매하는 요인이 되었다.

캐나다 투자자들은 주로 플로리다(41%), 애리조나(23%), 그리고 하와이(9%)에서 부동산을 매입하고 있다. 플로리다와 애리조나는 오래전부터 추운 계절에 따뜻한 지역으로 이동하는 캐나다 투자자들에게 인기가 많으며, 특히 골프장과 해변이 있는 지역들이다. 하와이는 최근 몇 년간 관심이 많이 증가한 지역으로, 캐나다 투자자들 거래의 9%를 차지 했으며 이는 2023년 2%에서 크게 상승한 수치다. 캐나다 투자자들의 약 49%는 휴가용 주택을 구매했으며, 그중 대부분이 단독 주택이었다. 타운하우스와 콘도는 각각 18%와 8%의 비중을 차지하며 상대적으로 낮았다. 이를 통해 캐나다인들은 더 크고 편리한 주택을 더 선호한다는 것을 알 수 있다.

중국 구매자들은 평균 구매 가격이 130만 달러로 가장 높았으며 이들의 약 25%는 캘리포니아에서 주택을 구매했다.

중국은 미국 부동산 시장의 주요 투자국이지만, 최근 몇 년간 자본 유출 규제와 경제 불확실성으로 인해 활동이 줄어들었다. 2017년, 중국은 연간 해외 인출 한도를 10만 위안(약 1만 5,400달러)으로 제한하며 자국 내 자본 보유를 강화했다. 그러나 최근 중국 내 금융 시스템의 과도한 유동성과 위안화 강세로 자본 통제를 완화하려는 움직임이 현실화된다면 좀 더 많은 중국 구매자가 미국 부동산 시장으로 몰릴 것으로 예상된다.

외국인 투자자들의 주요 투자 지역은 여전히 선벨트 지역이었으며 플로리다주, 텍사스주, 캘리포니아주, 애리조나주, 그리고 조지아주는 외국인 구매자에게 가장 인기 있는 주로 꼽혔다. 외국인 구매자의 45%는 미국 주택을 휴가용, 임대용, 또는 두 가지 목적으로 구매했다.

또한 2024년은 외국인 구매자들이 주택 구매 시 현금을 사용하는 비율이 특히 높았다. 외국인 구매의 50%는 현금 거래로

외국인 구매자 선정 상위 5개 주에 투자한 외국인 구매자 출신 지역

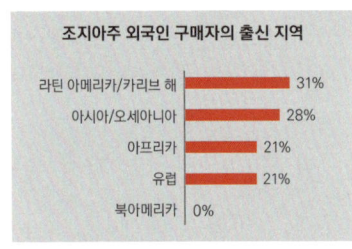

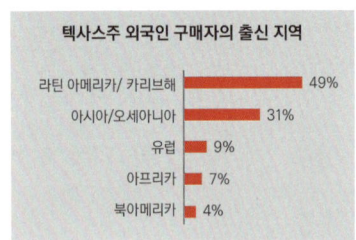

출처: 미국 부동산중개인협회

주요 외국인 구매자의 미국 주택 사용 용도

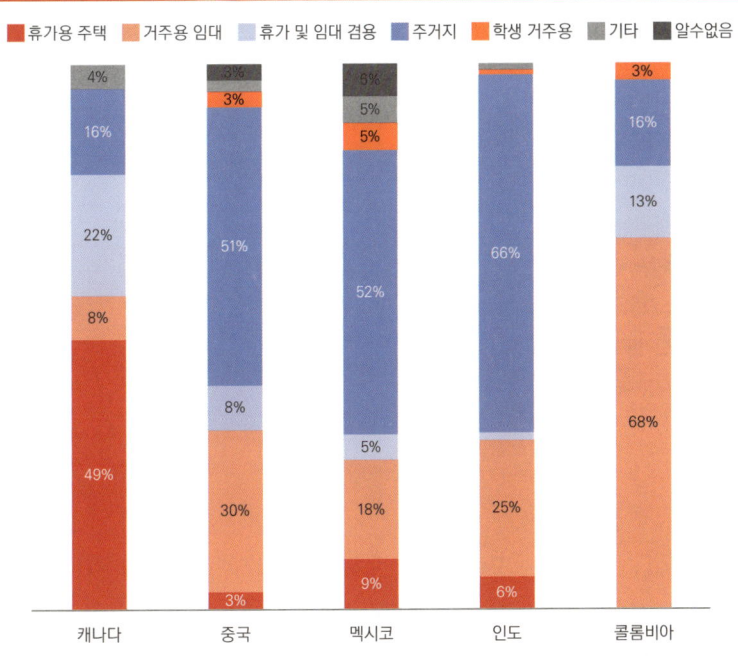

출처: 미국 부동산중개인협회

주요 외국인 구매자의 주거용 부동산 구매 유형

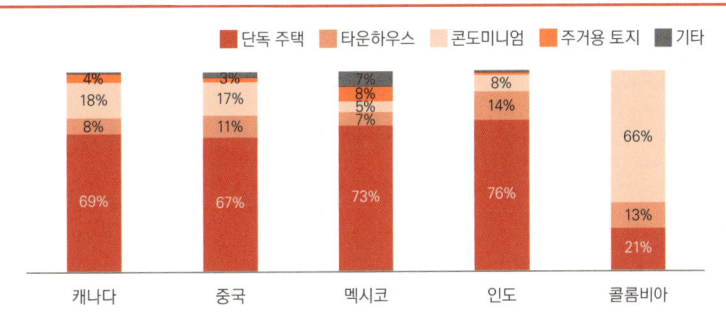

출처: 미국 부동산중개인협회

2024년 외국인이 구매한 미국 상위 10개 주

주	비율
FL: 플로리다(Florida)	20%
TX: 텍사스(Texas)	13%
CA: 캘리포니아(California)	11%
AZ: 애리조나(Arizona)	5%
GA: 조지아(Georgia)	4%
NJ: 뉴저지(New Jersey)	4%
NY: 뉴욕(New York)	4%
NC: 노스캐롤라이나(North Carolina)	4%
IL: 일리노이(Illinois)	3%
MI: 미시간(Michigan)	2%

출처: 미국 부동산중개인협회

이루어졌는데, 이는 미국인 구매의 28%와 비교된다. 이러한 외국인 투자자의 현금 구매는 그들이 미국 부동산 시장에서 경쟁력을 유지하는 중요한 요소로 작용했다.

그럼 2024년 미국의 상업용 부동산 시장에서 외국인 투자자의 움직임은 어떠했을까?

엠에스씨아이 리얼 에셋MSCI Real Assets*의 최근 데이터에 따르면, 최근 미국 상업용 부동산에 대한 외국인 투자자들의 관심이 2011년 이후 최저 수준으로 떨어졌다. 이는 미국 상업용 부동산

---

* 글로벌 부동산 및 인프라 투자의 성과 분석과 전략 수립을 지원하는 신뢰도 높은 데이터 및 벤치마크 플랫폼.

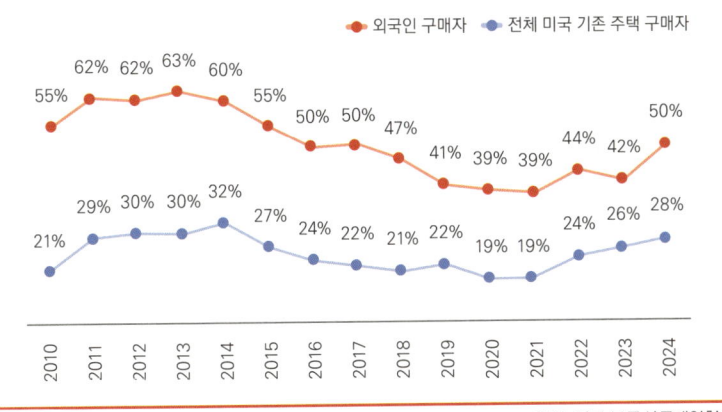

2024년 기존 주택을 현금으로 구입한 전체 구매자 비율과 외국인 구매자의 비율

출처: 미국 부동산중개인협회

의 가격 하락과 거래 활동 감소가 주요 원인으로 작용했으며, 궁극적으로 글로벌 경제 환경의 변화를 반영하고 있다.

2024년 1분기, 외국인 투자자들은 미국 상업용 부동산에 140억 달러를 투자했다. 이는 전년도 같은 기간의 277억 달러에서 절반 이상 줄어든 수치로, 2011년 3분기 이후 가장 낮은 수준이다. 이러한 감소는 단순한 일시적 현상을 넘어 시장 참여자들의 선호 변화와 글로벌 경제 상황의 영향을 보여준다.

미국 상업용 부동산 시장에서 거래량이 감소한 또 다른 원인으로는 판매자들이 판매를 주저했기 때문인데, 낮아진 상업용 부동산 평가액과 높은 차입 비용으로 소유자들은 매각을 꺼렸다. 이들은 향후 금리가 낮아질 가능성을 기다리며 더 나은 거래

조건을 기대하고 있었다. 이는 최근 미국 상업용 부동산 시장에서 거래가 침체된 이유를 잘 설명하며 구매자와 판매자 간의 기대 격차가 거래를 더욱 어렵게 만들고 있다고 볼 수 있다.

2024년 1분기 외국인 투자 감소의 상당 부분은 아시아 태평양 지역에서 발생했다. 이 지역 투자자들은 부동산 직접 매수 대신 미국 채권 펀드와 같은 간접 투자를 한 것으로 나타났다. 그러나 싱가포르와 일본은 여전히 미국 상업용 부동산에 적극적으로 투자하고 있다. 최근 1년 동안 싱가포르 투자자는 약 27억 달러의 상업용 부동산을 매입했으며, 일본 투자자는 23억 달러를 투자했다. 반면, 유럽 투자자들은 미국 주요 대도시권의 낮은 부동산 가격과 부실 자산에 대한 기회를 적극적으로 활용하고 있다. 2024년 1분기 기준, 외국인 투자자들이 매입한 미국 상업용 부동산 중 사무실 부동산이 28%를 차지했는데, 이는 2022년 4분기의 10%에서 크게 늘어난 수치이다. 특히 맨해튼, 보스턴, 샌프란시스코와 같이 오피스 유형의 상업용 부동산 시장이 침체된 도시는 특히 많은 외국인 투자를 받고 있다.

또한, 2024년에 글로벌 명품 브랜드의 주요 투자자들이 미국 부동산 시장에서 주목할 만한 거래를 성사시켰다.

케링Kering*은 맨해튼에 위치한 고급 소매 콘도**를 약 10억 달러에 매입하며 뉴욕의 상업 부동산 시장에서 강력한 입지를 다졌다. 또한, 프라다Prada는 뉴욕 5번가의 프라임 부동산을 8억 3,500만 달러에 인수하며, 브랜드 가치를 더욱 공고히 했다. 이는 뉴욕이라는 상징적 도시의 부동산을 활용해 브랜드 정체성을 강화하려는 전략으로 풀이된다. 한편, 세계적인 투자자 아만시오 오르테가Amancio Ortega***는 시카고의 다세대 아파트 빌딩을 2억 3,150만 달러에 매입하며, 다세대 주택 시장에서의 투자도 한몫했다. 이는 글로벌 투자자들이 다양한 포트폴리오를 통해 안정성과 수익성을 동시에 추구하고 있음을 잘 보여준다. 또한, 미국 부동산 시장이 여전히 안정적이고 수익성 높은 투자처로 평가받고 있음을 알 수 있다. 특히 유럽 투자자들은 저평가된 자산에 관심을 가지며, 미국 상업용 부동산 시장에서 발생한 위기를 투자 기회로 활용하려는 전문적인 움직임을 활발히 이어가고 있다.

---

*   구찌(Gucci), 발렌시아가(Balenciaga), 보테가 베네타(Bottega Veneta) 등 럭셔리 브랜드를 소유한 프랑스 기반의 글로벌 럭셔리 그룹.
** 트럼프 타워 맞은편, 56번가 모퉁이에 위치한 715-717 5번가를 매입했다. 이 부지는 115,000제곱피트에 걸쳐 있으며 여러 층의 리테일 공간이 있다.
*** 세계적인 패션 브랜드 자라(Zara)를 보유한 인디텍스(Inditex) 그룹의 창립자로, 글로벌 의류 산업을 혁신한 스페인의 억만장자 기업가.

아만시오 오르테가가 매입한
시카고에 위치한 다세대 아파트 건물

프라다가 구입한 뉴욕 5번가에 위치한
삭스 피프스 애비뉴 건물

케링이 구입한 맨해튼에 위치한 고급 소매 콘도

출처: 코스타 그룹

　이렇듯, 전 세계의 부유층이 더 많은 자유와 안정성을 제공하는 국가로 자본을 이동시키고 있다. 특히 미국은 많은 부유층이 선호하는 글로벌 투자처로 오랫동안 주목받고 있는 부동산 시장이다. 또한, 우크라이나-러시아 전쟁, 중동의 불안정성 등 글로벌 불확실성이 확대되면서 외국인 투자자들은 안전한 투자처를 찾아 미국 부동산 시장에 다시 눈을 돌리고 있다. 이러한 글로벌 투자 흐름 속에서 미국 부동산 시장은 비교적 저렴하고 세계에서 가장 안정적인 투자처가 될 것이다.

2025년에는 미국 달러 강세가 다소 완화되고 모기지 금리 역시 다소 하락할 것으로(미국의 정치적 불확실성으로 인한 변수는 있겠지만) 예상되어 대부분의 전문가들은 외국인 투자자들이 증가할 것으로 전망한다. 특히 고가 주택이나 상업용 부동산에 대한 투자가 활발해질 가능성이 높을 것으로 본다. 또한, 세계적으로 누적된 자본과 투자 수요를 고려하면, 외국인 투자자들이 미국 부동산에 더 많은 관심을 보일 것으로 예상된다. 전문가들은 2025년에는 글로벌 투자자들이 다시 미국 부동산 시장으로 돌아올 것으로 예상하고, 그들의 투자 규모는 2024년보다 훨씬 높을 것으로 전망하고 있다.

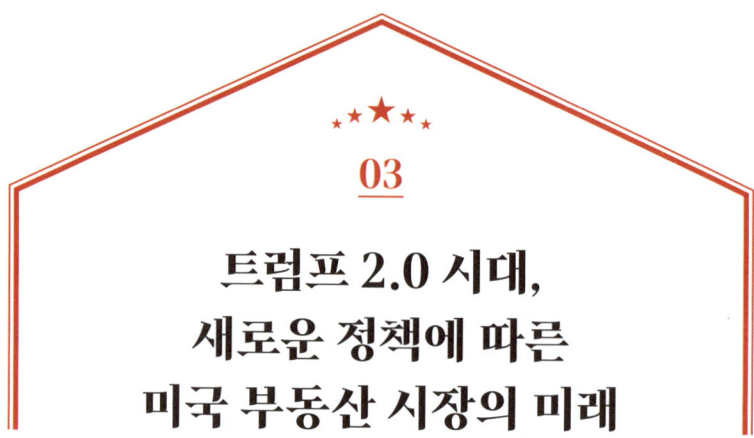

트럼프 2.0 시대, 새로운 정책에 따른 미국 부동산 시장의 미래

도널드 트럼프가 미국의 47대 대통령으로 당선되면서, 앞으로의 변화와 성장 가능성에 대한 기대감으로 많은 사람의 관심이 미국 부동산 시장에 집중되고 있다. 사업 수단이 뛰어난 트럼프 대통령은 미국 부동산과 관련하여 공급부족 문제를 해결하고 주택 소유의 장벽을 낮추며 시장에 새로운 기회를 제공하는 다양한 주택 관련 정책 공약을 내세웠다. 트럼프 대통령의 정책은 전반적인 부분에서 '규제 완화' 중심의 정책이라고 볼 수 있다. 이러한 규제 완화 중심의 정책이 미국 부동산 시장에 어떤 영향을 미칠지 이해하는 것은 앞으로 모든 투자자에게 중요할 것이다.

각종 규제 완화, 세금 혜택 강화, 대출 환경 완화, 그리고 경제적, 사회적 변화에 따른 미국 부동산 시장의 전반적 변화를 분석하여, 앞으로 투자자들이 무엇을 기대하고 어떻게 준비할 수 있을지 알아보겠다.

1. 규제 완화 정책

트럼프 2기 행정부의 대표적인 정책 중 하나는 규제 완화다. 이는 민간 기업 활동에 대한 규제 장벽을 낮추고 기업 환경을 보다 효율적으로 만드는 것을 목표로 한다. 미국 부동산 시장에서는 이러한 접근 방식이 신규 개발 절차를 간소화하고 승인 시간을 단축하며 규정 준수와 관련된 비용을 줄일 수 있을 가능성이 높다. 특히 상업용 부동산 부문에서는 이러한 규제 완화가 새로운 신규 개발을 보다 용이하게 만들 수 있다.

    2017년 트럼프 1기 행정부는 성장을 저해한다고 여겨지는 다양한 연방 규제를 철회하고 불필요한 제한을 제거하는 데 초점을 맞췄다. 이러한 전략은 기업의 활동을 장려하며 주식 시장에도 긍정적인 영향을 미쳤다. 미국 부동산 분야에서도 규제 완화는 건설 허가와 승인 시간을 단축시켜 투자자와 개발자들에게 유리한 환경을 제공할 수 있었다. 특히 멀티패밀리 주택이나 산업용 부동산처럼 수요가 높은 시장에서는 유연하고 신속한 대응

이 가능해졌다.

트럼프 2기 행정부는 규제 완화와 연방 기관 권한 축소를 주요 과제로 삼고 있다. 이를 통해 금융 시장과 주택 시장에서 기업들이 더 자유롭게 활동할 수 있는 환경을 조성하려는 것이다. 특히 이번 정책 변화의 핵심은 '행정명령 12866 Executive Order 12866의 수정안*'이라고 할 수 있다. 수정된 행정명령에 따르면, 연방 기관들은 의회의 승인을 받지 않고 추진 중인 정책이나 계획이 있다면, 이를 반드시 백악관과 예산관리국 OMB:Office of Management and Budget**에 보고해야 한다. 쉽게 말하자면, 연방 기관들이 결정하고 추진하던 정책들을 이제는 백악관과 예산관리국에 보고해야 하는 새로운 규정이 생긴 것이다. 이는 정책 실행 과정을 더 투명하게 관리하고, 백악관이 이를 직접 확인하고 조율할 수 있도록 하기 위한 조치이다. 이를 통해 바이든 행정부에서 시행된 주요 규제들이 철회될 가능성이 크다.

또한, 2020년에 서명된 'Schedule F***' 행정명령을 활용해, 트럼프 2기 행정부는 기존 정책과 의견이 맞지 않는 고위 공무원

---

* 연방 기관들이 의회의 승인 없이 추진 중인 정책을 백악관과 예산관리국(OMB)에 보고하도록 의무화하여 규제 절차의 투명성과 중앙 관리를 강화하는 것을 목표로 하는 수정안.

** 연방 예산 편성, 정책 조정, 규제 검토 및 정부 운영 효율성을 관리하는 역할을 담당하는 미국 대통령 직속 기관.

*** 연방 정부의 정책 결정 및 규제 작성 공무원을 새로운 분류로 지정해, 행정부가 이들을 임의로 해고하거나 임명할 수 있도록 권한을 확대하려는 행정명령.

을 해고하고 새로운 인사를 임명할 수 있는 권한을 가질 예정이다. 이를 통해 행정의 효율성을 높이고 민간 전문가들을 중심으로 한 새로운 방향성을 모색하고 있다.

이러한 정책 변화는 단순히 규제를 완화하는 데 그치지 않고, 기업과 투자자들에게 실질적인 기회를 제공할 것으로 보인다. 부동산 규제가 완화되면, 대출받는 과정이 더 간소화되고 주택 건설이 더 빨라질 수 있다. 특히 미국 연방주택금융청FHFA: Federal Housing Finance Agency*과 지니메이Ginnie Mae: Federal Housing Finance Agency**의 규제가 줄어들면, 대출 상품의 종류가 늘어나고 더 많은 사람들이 대출을 받을 수 있게 될 것이다.

그러나 이러한 변화가 긍정적인 효과만을 가져오는 것은 아닐 수 있다. 규제 완화가 지나칠 경우 금융 시장의 안정성이 흔들릴 수 있고 과열된 시장 환경이 조성될 위험도 있다. 2008년 금융위기 이후 도입된 규제들은 감시와 감독으로 시장에 안정성을 제공했던 만큼 이를 철회하는 과정에서 예상치 못한 문제가 발생할 가능성도 있다. 그럼에도 불구하고, 트럼프 2기 행정부의 규제 완화 정책은 금융 시장과 주택 시장에서 새로운 활력소가 될 수 있

---

* 패니메이, 프레디 맥, 연방주택대출은행을 감독·규제하며, 미국 주택 금융 시장의 안정성과 중저소득층의 주택 접근성을 확대하는 역할을 하는 독립 정부 기관.
** 미국 정부가 보증하는 주택담보대출 증권(MBS)을 발행하여 주택 대출 시장에 유동성을 공급하고, 중저소득층의 주택 구입과 임대를 지원하는 연방 기관.

다. 이에 투자자들은 이러한 변화에 유연하게 대응하면서도 잠재적 리스크에 대해서도 면밀히 검토해야 할 필요성이 있을 것이다.

2. 패니메이와 프레디 맥의 민영화

2008년 서브프라임 모기지 위기 이전에는 패니메이*와 프레디 맥**은 민간 기업으로 운영되고 있었다. 이들은 '정부 후원 기업 GSE: Government-Sponsored Enterprises'으로 미국 정부의 암묵적 지원을 받는 것으로 간주되었다. 패니메이는 1938년 대공황 당시 설립되어 처음에는 정부 소유였으나 1968년에 민간 기업으로 전환되었고 프레디 맥은 1970년에 민간 기업으로 설립되었다. 두 회사는 주식 시장에 상장된 기업으로, 투자자들로부터 자금을 조달하며 운영되었다.

이들은 1차 금융 시장에서 직접 대출을 제공하지 않고, 주택담보대출을 매입한 뒤 이를 기반으로 모기지담보증권 MBS: Mortgage-Backed Securities***을 발행하여 2차 금융 시장에서 유동성을 공급

---

* 미국의 정부 후원 기관으로, 주택 대출 시장에 유동성을 제공하기 위해 주택담보대출을 매입하고 이를 기반으로 증권을 발행하여 주택 소유와 임대를 촉진하는 역할을 함.

** 미국의 정부 후원 기관으로, 주택담보대출을 매입하고 이를 기반으로 증권을 발행하여 주택 대출 시장에 유동성을 공급하고 주택 소유와 임대를 지원하는 역할을 함.

*** 주택담보대출을 묶어 발행한 금융 상품.

하는 역할을 한다. 이를 통해 대출 기관들은 자금을 확보해 1차 금융 시장에서 더 많은 대출을 제공하고, 결과적으로 주택 구매자들에게 더 낮은 금리로 대출할 수 있는 환경을 조성하게 하는 것이다.

그러나 2008년 서브프라임 모기지 대출의 부실이 급증하면서 이 대출을 기반으로 발행된 모기지담보증권의 가치가 폭락했다. 패니메이와 프레디 맥은 이러한 부실 모기지담보증권을 대량으로 매입했기 때문에 막대한 손실을 입었고 파산 위기에 처했다. 이에 2008년 9월, 미국 정부는 페니메이와 프레디 맥을 '감독 관리 상태 conservatorship'로 전환했다. 이는 미국 재무부가 이들 기업의 지분을 소유하고 기업 운영을 감독하며 파산을 방지하기 위한 조치를 취한 것을 의미한다. 서브프라임 모기지 사태 이후 이들의 민영 운영은 중단되었으며 현재까지도 정부가 이들 기업을 감독 및 관리하고 있다. 이러한 '감독 관리 상태'는 일시적인 조치로 이들 기업이 안정성을 되찾고 시장에서 독립적으로 운영되도록 하는 것이 궁극적인 목표였다. 그러나 이 상태가 지속되고 있어 이를 종료하려는 움직임이 이어지고 있다.

2020년, 트럼프 1기 행정부는 패니메이와 프레디 맥이 충분한 자본을 축적할 경우 '감독 관리'를 종료할 수 있는 규정을 마련했다. 이제 트럼프 2기 행정부가 출범하면서, 이들 기업의 민영화에 대해 다시 논의 되기 시작했다. 현재 패니메이와 프레디 맥은 약 1,466억 달러의 자본을 축적했으며, 이는 '감독 관리' 종료를 위한 중요한 전제 조건이 되었다. 두 기업이 안정성을 유지하면서 시장 경쟁을 촉진할 수 있는 방안을 마련할 수 있기에, 이제 이들의 민영화가 필요한 시점이 되었다고 거론되었다.

그럼, 패니메이와 프레디 맥이 민영화되면 주택담보대출 은행들은 이들의 융자 가이드라인을 따르지 않아도 되는 걸까?

그렇지 않다. 패니메이와 프레디 맥의 민영화 이후에도, 주택담보대출 은행들은 여전히 패니메이와 프레디 맥의 융자 가이드라인을 따라야 할 것이다. 이들은 미국 주택 금융 시스템에서 여전히 중요한 역할을 담당하며 많은 주택담보대출 은행들은 패니메이와 프레디 맥에 모기지 대출을 매각하거나 보증을 받기 위해 그들의 가이드라인을 따라야 한다. 이러한 가이드라인은 모기지 대출의 품질과 위험 관리를 보장하는 데 중요한 역할을 하기 때문이다. 또한, 패니메이와 프레디 맥이 모기지 대출을 증권화해 투자자에게 판매하는 구조가 계속 유지될 것이며 투자자들은 안전하며 표준화된 금융 상품을 선호하므로 모기지 대출 상품의 가이드라인 준수가 필요할 것이다. 이들이 '관리 감독'에서 벗어나더라도, 무분별한 모기지 대출을 방지하고 금융 위기를 예방하기 위해 여전히 연방주택금융청과 같은 규제 기관의 감독을 받을 것이다.

그러나 일부 모기지 대출 은행들은 패니메이와 프레디 맥의 가이드라인을 따르지 않는 대출 상품을 다양하게 제공할 것이다. 점보 대출Jumbo Loan*처럼, 이미 일부 대출 은행들은 패니메이와 프레디 맥의 가이드라인을 따르지 않는 상품을 제공하고 있다. 민영화 이후, 일부 대출 은행들은 더 많은 '비적격 대출 상품'을 개발할 수 있다. 또한, 민간 금융 기관들이 자체적으로 리스크를 관리하고, 대출 상품을 증권화하는 모델을 확대할 수 있으나 이는 투자자 신뢰와 리스크 관리 능력에 따라 성공 여부가 달라질 것이다. 소규모 대출 은행이나 지역 은행들은 패니메이와 프레디 맥의 지원 없이도 비적격 대출 상품을 제공할 가능성이 있다.

따라서, 패니메이와 프레디 맥의 민영화가 이루어진다면, 다음과 같은 변화가 예상된다.

---

* 정부가 정한 대출 한도를 초과하는 고액의 주택담보대출로, 일반 대출보다 높은 금리와 엄격한 자격 요건이 요구되는 비적격 대출.

- 정부의 통제가 줄어들고, 좀 더 독립적으로 운영될 것이다.
- 리스크를 민간 자본 시장이 떠안게 된다. 따라서, 패니메이와 프레디 맥은 리스크 관리에 더욱 신중할 가능성이 높아진다.
- 더 많은 자본을 보유해야 함으로 대출 비용이 약간 상승할 가능성이 있다.
- 시장 요구에 따라 새로운 대출 상품을 개발하거나 기존 가이드라인을 수정할 가능성이 있다.
- 소형 대출 은행은 대출 가격 정책이나 서비스에 있어 대형 대출 은행에 비해 불리한 위치에 놓일 위험이 있다.
- 민간 투자자들이 더 높은 수익성을 요구할 수 있기 때문에 대출 비용이 증가하거나 대출 승인이 더 까다로워질 가능성도 있다.
- 새로운 금융 기관들이 시장에 참여할 수 있는 여지를 제공할 가능성이 있어 시장에서 경쟁이 심화될 수 있다.

트럼프 2기 행정부가 시도하는 패니메이와 프레디 맥의 민영화는 이들을 보다 시장 중심의 운영 모델로 전환시키는 것을 목표로 한다. 이는 더 큰 유연성과 독립성을 가져오지만, 동시에 소비자와 소규모 대출 기관에게는 새로운 도전이 될 수 있다. 이러한 변화는 미국 주택 금융 시장을 보다 효율적이고 경쟁력 있게 만들려는 시도로 볼 수 있지만 이들의 민영화가 소비자 혜택으로 이어질지 아니면 대출 비용 증가로 이어질지는 아직 불확실하다.

3. Non QM 시장의 성장과 다변화

Non-QM^{Non Qualified Mortgage} 대출은 적격 모기지 대출^{Conforming Loan}(패니메이와 프레디 맥의 가이드라인을 충족하는 대출) 자격을 갖추지 못한 자영업자나 사업가를 위한 비적격 모기지 대출이다. 자영업자나 사업자는 소득 증빙 서류가 부족하거나 소득 구조가 일반적이지 않아 적격 모기지 대출을 받기 어려운 경우가 종종 있다. 미국에서 적격 모기지 대출을 받으려면 신용 상태가 양호해야 하며 소득 증빙 서류와 다운페이먼트를 할 수 있는 자산 증빙 서류가 충족되어야 한다. 이 세 가지 요구 사항 중에서 소득 증빙 서류가 미비한 경우는 Non-QM 대출을 많이 활용한다. 특히 주택 가격이 높고 모기지 금리가 높은 지난 몇 년 동안은 적격 모기지 대출의 가이드라인을 충족시키기 쉽지 않아 미국에서는 Non-QM 대출을 많이 활용하였다. 또한 자산 증빙 서류만 제공하고 DSCR^{Debt Service Coverage Ratio}(부채 상환 비율)을 적용하여 심사 후 대출을 해주는 외국인융자 대출도 Non-QM 대출 영역이라고 볼 수 있다.

이러한 Non-QM 대출의 특징은 다음과 같다.

- 대출 신청자의 신용 상태가 양호해야 한다.

- 대출 한도는 자산 가치의 최대 70% 정도이다.
- 안정적인 대출 진행 방식으로 수요가 꾸준하다.

최근 사모 대출private debt 시장이 빠르게 성장하면서 보험사들의 투자 전략에도 변화가 나타나고 있다. 과거에는 주택담보대출 투자에 소극적이던 보험사들이 이제는 Non-QM 대출을 포함한 사모 대출 시장으로 눈을 돌리고 있다. 그 이유는 무엇일까?

먼저, 전통적인 은행들이 강화된 금융 규제와 자본 요건으로 인해 사모 대출 시장에서 점차 발을 빼고 있다.

바젤 III*와 같은 규제로 은행들이 위험이 높은 대출을 회피하게 되었고, 여기서 발생한 공백을 보험사들이 채우고 있다. 특히, Non-QM 대출은 유동성이 낮은 대신 더 높은 수익률을 제공하며, 보험사들에게 장기적이고 안정적인 투자 자산으로 주목받고 있다.

또한, 금융 규제 강화로 인해 보험사들은 위험을 분산시키면서도 수익률을 높일 수 있는 대체 투자 기회를 모색하고 있다. Non-QM 대출은 이와 같은 요구를 충족시키며, 안정적인 현

---

* 글로벌 금융 시스템의 안정성을 강화하기 위해 은행에 더 높은 자본 및 유동성 요건을 요구하고, 리스크 관리와 위기 대응 능력을 개선하도록 설계된 국제 금융 규제 체계.

금흐름을 제공하는 동시에 시장에서의 경쟁력을 확보할 수 있는 수단이 되고 있다. 그러나 Non-QM 대출은 유동성 리스크가 존재하기 때문에, 보험사들은 자산-부채 매칭ALM : Asset Liability Management* 전략으로 신중하게 접근할 것이다. 이를 통해 유동성 부족에서 오는 위험을 최소화하고, 안정적인 수익을 창출할 수 있는 투자 전략을 세울 것으로 예상된다.

뱅크오브아메리카 글로벌 리서치Bank of America Global Research의 자료에 따르면, 2018년 이후 Non-QM 대출의 누적 손실률은 단 0.02%에 불과해, Non-QM 대출이 얼마나 안정적인 투자 자산인지 잘 보여주고 있다. 이러한 안정성은 2025년 Non-QM 시장의 성장을 뒷받침할 중요한 요소로 작용할 것으로 보인다. 특히, 2025년에는 중소 지역 은행들이 Non-QM 대출 시장에 다시 진입할 것으로 예상된다. 이는 트럼프 2기 행정부가 중소 은행에 대한 규제를 완화할 가능성이 크기 때문이다. 중소 은행들의 시장 진입은 Non-QM 대출의 공급 확대와 더불어 투자자들의 관심을 더욱 끌 것으로 보인다. 결론적으로, 2025년 Non-QM 시장은 보험사와 중소 은행들의 활발한 참여와 함께 대체

---

* 금융 기관이 자산과 부채의 만기, 금리, 현금흐름을 조화롭게 관리하여 유동성과 재무 안정성을 유지하는 전략.

투자 자산으로서의 입지를 강화하며 활발히 성장할 것으로 예상된다.

4. 저소득층 주택 세금 공제

저소득층 주택 세금 공제Low-Income Housing Tax Credit, LIHTC는 미국 내 주택 문제를 해결하는 데 있어 가장 효과적인 정책 중 하나로 자리 잡았다. 1986년 도입 이후, 이 제도는 저소득층 가구를 위한 안정적이고 저렴한 주택을 공급하는 데 중요한 역할을 해왔다. 특히, 민간 자본을 활용하여 공공 자금의 부담을 줄이고 다양한 지역에서 주택을 건설함으로써 지역 경제에도 긍정적인 영향을 미치고 있다.

저소득층 주택 세금 공제는 연방 정부가 주와 지역에 세금 공제를 배정하고, 개발업체들이 이를 통해 민간 투자자로부터 자금을 조달하는 방식으로 운영된다. 투자자들은 세금 공제를 통해 수익을 얻으며, 이를 활용한 주택은 임대료 상한선을 적용해 저소득층 가구의 부담을 줄인다. 이러한 주택은 최소 15년간 저소득층 임대 주택으로 유지되며 대부분은 30년 이상 지속된다.

이는 민간 자본 유입을 촉진함으로써 정부의 직접적인 재정 부담을 줄이고, 지속 가능한 방식으로 저렴한 주택 공급을 유지할 수 있는 장점이 있으며 도심, 교외, 농촌 등 다양한 지역에서 개발이 가능하여 해당 지역 경제 활성화에도 기여한다. 그러나 이를 통해 공급되는 주택은 여전히 수요를 충족하기에 부족하며 투자자들이 주로 도시 지역에 집중하는 경향이 있다.

트럼프 2기 행정부와 의회는 이 프로그램을 강화하고, 세금 공제 범위를 확대하여 저소득층 주택 부족 문제를 완화하려는 계획을 추진하고 있다.

5. 미국 부동산 투자 및 개선에 대한 세금 공제

트럼프 1기 행정부가 2017년에 통과시킨 세제개혁법TCJA: Tax Cuts and Jobs Act*은 부동산 투자자들에게 다양한 혜택을 제공하며 큰 주목을 받았다. 2025년을 맞이하면서 선거 기간 동안 강조된 트럼프 대통령이 제안한 주요 세금 정책과 이것이 미래의 미국 부동산 투자자에게 어떤 의미를 갖는지 살펴보겠다.

🇺🇸 2017년 세제개혁법의 영구화

트럼프 1기 행정부 때 시행된 2017년 세제개혁법은 법인세와 개인 소득세를 대폭 감면하며 경제 성장과 투자 활성화를 목표로

---

* 2017년에 통과된 미국의 세법 개정으로, 법인세와 개인 소득세를 대폭 낮추고, 세금 공제 및 감면 규정을 재조정하여 경제 성장과 투자 촉진을 목표로 한 법안.

한 역사적인 세제 개혁으로 평가받았다. 특히, 법인세율을 기존 35%에서 21%로 낮춰 기업 경쟁력을 강화했고, 개인 납세자를 위한 세율 인하와 표준 공제 확대를 통해 가계 소득 증대에 기여했다. 다만, 개인 납세자 대상 감세 조항은 2025년에 만료될 예정으로, 이후 중산층과 저소득층의 세금 부담 증가에 대한 우려가 제기되고 있다.

트럼프 대통령은 이를 해결하기 위해 주요 감세 조치를 영구화하는 것을 정책의 우선순위로 삼고 있으며, 중산층의 세금 인상을 방지하고 경제 성장을 지속시키는 데 중점을 두고 있다. 동시에, 세금 공제를 확대하여 저소득층과 중산층 가구에 추가적인 지원을 제공하고, 기업들의 투자 환경을 더욱 개선하기 위한 방안도 논의될 것으로 보인다. 이러한 조치들은 경제 성장과 고용 창출에 중요한 역할을 할 것으로 기대된다.

🇺🇸 100% 보너스 감가상각 연장

2017년 세제개혁법은 부동산 투자자들에게 신규 및 기존 부동산 모두에 대해 100% 보너스 감가상각Bonus Depreciation 혜택을 제공하며 부동산 시장을 활성화시켰다. 이 정책은 투자자들이 부동산 구매와 개발에 필요한 자산 비용을 초기 투자 시점에 한꺼번에 공제받을 수 있도록 하여 세금 부담을 줄이고 투자를 가속화하는 데 기여했다. 트럼프 대통령은 100% 보너스 감가상각 혜택을 연장하겠다는 공약을 내세웠으며 이를 통해 부동산 개발과 투자를 더욱 장려하려 하고 있다. 특히, 이 연장 정책은 민간 투자 확대를 촉진하고, 경제 전반에서 고용 창출과 지역 경제 활성화로 이어질 가능성이 크다. 또한, 이 혜택이 연장되면 상업용 부동산 뿐만 아니라 물류 창고, 데이터 센터 등 고성장 산업의 부동산 투자 수요도 증가할 것으로 예상된다.

🇺🇸 양도소득세 인상 철회 및 인하

최근 몇 년간 고소득자를 대상으로 한 양도소득세 인상 논의가 진행되면서, 자산 가치 상승으로 수익을 창출하는 부동산 투자자들에게 세금 부담이 가중될 수 있다는 우려가 있었다. 바이든 행정부는 고소득자를 대상으로 양도소득세를 대폭 인상하여 재정 수입을 확대하고 인프라 및 복지 프로그램에 투자하려는 계획을 내세웠다. 이러한 정책은 양도소득세율을 기존 최대 20%에서 최대 39.6%로 인상하고 추가로 3.8%의 순 투자 소득세 Net Investment Income Tax*를 적용해 실질 세율을 43.4%까지 높이려는 내용을 담고 있다. 그러나 이러한 계획은 자산 가치 상승으로 수익을 창출하는 부동산 투자자들에게 세금 부담을 가중시켜 매

---

* 순 투자 소득세는 고소득자의 이자, 배당, 자본이득 등의 투자 소득에 대해 추가로 부과되는 세금으로, 미국의 의료보험 재정을 지원하기 위해 도입됨.

매와 투자 활동을 위축시킬 수 있어 부동산 시장에서 거래량 감소가 예상되면서 정책에 대한 논란이 있었다.

이에 트럼프 대통령은 선거 당시 이러한 양도소득세 인상 계획을 철회하고, 양도소득세율을 현 수준으로 유지하거나 인하하는 방안을 지지한다고 밝혔다. 그는 양도소득세 인하가 투자자들에게 세금 부담을 줄여 부동산 매매와 재투자를 촉진할 뿐 아니라 궁극적으로는 시장의 유동성을 높이고 경제 전반에 긍정적인 효과를 가져올 것이라고 강조했다. 이러한 정책은 부동산 투자자들에게 유리한 정책으로 부동산 개발을 더욱 활성화시킬 것으로 예상된다.

만약, 양도소득세가 인하되면 투자자들은 매매 차익에 대한 세금 부담을 덜어 더 많은 자본을 재투자할 수 있게 되고, 이는 새로운 주택 건설과 상업용 부동산 개발로 이어질 것이다. 또한, 세금 부담이 줄어들면 더 많은 매물이 시장에 나와 거래가 활성화되어 시장 가격도 안정화될 수 있다. 특히, 투자 환경이 개선됨에 따라 투자자들이 부동산 시장에 참여하여 거래를 활성화할 수 있게 된다. 다만, 양도소득세 인하는 재정 수입 감소에 대한 논란이 될 수 있을 것이다. 특히, 이러한 세금 혜택이 주로 고소득층과 투자자들에게 집중될 수 있다는 점에서 저소득층을 위한 보완책 마련도 중요할 것으로 본다. 그럼에도 불구하고, 트럼프 대통령의 양도소득세 인하 계획은 투자 심리를 개선하여 장기적으로 미국 부동산 시장을 활성화할 수 있을 것으로 예상된다.

🇺🇸 1031 동종자산교환 제도의 유지

1031 동종자산교환 제도는 오랫동안 미국 부동산 투자에서 없어서는 안 될 중요한 역할을 해왔다. 이 제도는 부동산을 매각한 투자자가 그 수익금을 유사한 유형의 부동산에 재투자할 경우 양도소득세 납부를 유예받을 수 있는 제도이다. 이러한 세금 혜택으로 투자자들은 세금 부담을 덜고 자본을 더욱 효율적으로 활용할 수 있다. 이는 부동산 시장에서 투자자들의 재투자를 촉진하는 데 큰 도움이 된다.

트럼프 대통령은 이 제도의 중요성을 인정하며, 1031 동종자산교환 제도를 유지하겠다는 입장을 밝혔다. 이 제도가 부동산 투자자들에게 세금 혜택을 통해 지역 경제와 부동산 시장의 유동성을 높이는 데 필수적인 제도로 평가받고 있기 때문이다. 특히, 이 제도는 대규모 상업용 부동산 거래뿐만 아니라 중소규모 투자에도 동일한 혜택을 제공하기에 부동산 시장을 활성화할 수 있는 아주 중요한 세금 혜택이다.

많은 부동산 전문가들은 1031 동종자산교환이 단순한 세금 혜택 이상의 가치를 지니고 있다고 보고 있다. 이 제도는 투자자들이 자산을 더 적극적으로 운용할 수 있도록 돕고 시장의 활력을 유지하는 데 중요한 역할을 한다. 그러나 이 제도가 고소득

투자자들에게 지나치게 유리하게 작용할 수 있다는 점에서 논의가 필요하다는 의견도 있다. 그럼에도 불구하고, 1031 동종자산교환제도가 폐지되거나 제한될 경우 부동산 거래량 감소와 투자활동 위축으로 이어질 가능성이 크다는 점에서 이를 유지하는 것이 매우 중요할 것이다. 결론적으로, 1031 동종자산교환 제도의 유지는 부동산 시장의 투자 활성화를 위한 핵심 정책으로, 트럼프 대통령의 부동산 친화적 정책 기조와도 맞물리며 미국 부동산 시장의 지속 가능한 장기적 성장을 위해 매우 중요한 세금 혜택 정책으로 자리 잡을 것으로 예상된다.

🇺🇸 적격사업소득 세금 공제 연장

적격사업소득QBI: Qualified Business Income 세금 공제는 2017년 세제개혁법에서 도입된 제도로, 개인 소득세를 신고하는 특정 사업체 소유자들의 세금 부담을 줄이기 위해 설계된 세금 혜택이다. 이 공제는 적격사업소득의 최대 20%를 소득에서 공제할 수 있도록 허용하며 주로 통과 법인Pass-Through Entity을 통해 수익을 얻는 사업체 소유자들에게 적용된다. 통과 법인은 회사 자체가 법인세를 납부하지 않고 수익이 소유주에게 직접 전달되어 개인 소득세로만 과세되는 구조를 가진 사업체를 말한다. 개인 사업자, LLC, S 코퍼레이션, 파트너십 등이 여기에 해당된다. 특히 부동산 투자자의 경우 단순히 부동산을 소유하는 것만으로는 이 세금 혜택을 받을 수 없지만 임대 사업을 운영하거나 관리하며 수익을 창출한다면 이 혜택을 받을 수 있다.

이에 트럼프 대통령은 적격사업소득 세금 공제를 연장하겠다는 입장을 밝혔다. 이 제도는 중소기업과 개인 사업체 소유자들에게 세금 부담을 줄여줄 뿐 아니라 수익성을 높이고 투자를 활성화하는 데 중요한 역할을 해왔다. 특히 세제개혁법 도입 이후, 많은 소규모 사업자가 이 공제를 통해 절세 효과를 누리며 더 많은 자본을 투자하거나 사업 확장에 활용할 수 있었다. 그러나, 이 제도에 대한 부정적인 의견도 있다. 고소득 사업체 소유자들이 더 많은 혜택을 받는 구조에 대해 형평성 문제를 제기하고 있으며, 공제 적용 기준이 복잡해 많은 소규모 사업자가 이 혜택을 충분히 활용하지 못하는 경우도 있다는 것이다. 따라서 이 혜택을 연장하더라도 적용 대상을 명확히 하고 형평성을 높이는 방향으로 제도를 개선해야 한다는 의견도 있다. 결론적으로, 적격사업소득 세금 공제는 개인 사업체와 중소기업 소유자들에게 세금 혜택을 주어 중소기업의 경쟁력을 강화하고 부동산 시장을 활성화하는 데 중요한 역할을 할 것으로 예상된다.

🇺🇸 무제한 주세 및 지방세 공제 복원

2017년 세제개편법은 주 정부와 지방 정부에 납부한 세금에 대해 공제받을 수 있는 SALT(State and Local Tax) 공제를 도입하면서, 공제 한도를 1만 달러로 제한하였다. 이 제한으로 인해 고세율 주에 거주하는 납세자, 특히 고소득층과 고가 주택 소유자들은 이전보다 세금 부담이 크게 증가했다. SALT 공제는 재산세뿐만 아니라 주 소득세와 지방세도 포함되기 때문에, 공제 한도 초과로 인해 실제로 납부한 세금 중 일부만 공제받을 수 있는 상황이 발생했다. 특히, 연간 재산세가 1만 달러를 초과하는 고가 주택 소유자들은 세금 공제 혜택을 충분히 누리지 못하게 되어 고가 주택 구매를 꺼리는 경향이 나타났다. 이러한 변화는 뉴욕주, 캘리포니아주와 같은 고세율 주를 중심으로 부동산 시장 둔화로 이어졌다.

이에 트럼프 대통령은 이러한 문제를 해결하기 위해 SALT 공제 한도를 없애겠다는 계획을 제안했다. 이 SALT 공제 복원은 고소득 납세자들에게 세금 부담을 줄여주는 효과를 가져올 뿐만 아니라 재산세 공제를 다시 충분히 받을 수 있도록 해 고가 주택 시장이 다시 활기를 찾을 것으로 기대된다. 공제 한도가 없어지면 고가 주택의 거래량이 늘어나 부동산 시장이 활성화될 것으로 예상된다. 또한, 고세율 주에 거주하는 중산층 납세자들도 실질적인 세금 부담을 완화할 수 있다. 이는 단순한 세금 혜택을 넘어, 소비 심리 회복과 투자 촉진으로 이어져 고세율 주의 경제와 부동산 시장 전반을 활성화할 수 있을 것이다. 뉴욕주, 캘리포니아주와 같은 지역에서는 부동산 관련 산업에도 파급 효과를 줄 것으로 보인다. 물론 SALT 공제가 고소득층에 더 많은 혜택을 제공한다는 점에서 형평성 논란이 있을 수 있겠지만 이 공제가 부동산 시장과 지역 경제를 살리는 데 중요한 역할을 한다는 점에서 실질적인 정책 효과가 기대된다.

🇺🇸 상속세 면제 한도 연장

상속세는 고인이 사망한 후 상속받는 유산에 대해 부과되는 세금으로, 미국에서는 일정 금액 이상의 유산에 대해서 부과된다. 2023년 기준으로, 개인의 유산이 약 1,260만 달러, 부부 기준으로 약 2,520만 달러를 초과하면 상속세가 부과된다. 이 높은 면제 한도는 2017년 세제개편법 이후로 가능해졌다.

트럼프 1기 행정부는 2017년 세제개편법을 통해 상속세 면제 한도를 개인 기준 560만 달러에서 1,260만 달러로, 부부 기준으로는 1,120만 달러에서 2,520만 달러로 두 배 이상 인상했다. 이에 따라 상속세를 걱정해야 하는 고자산가와 부동산 투자자들의 부담이 크게 줄었고 자산을 더 쉽게 상속하거나 관리할 수 있게 되었다. 그러나 이 혜택은 2025년 말에 종료될 예정이다. 즉, 2026년부터는 상속세 면제 한도가 2017년 이전 수준인 개인 기준 560만 달러, 부부 기준 1,120만 달러로 돌아가게 된다.

트럼프 대통령은 이를 막기 위해 상속세 면제 한도를 현 수준(개인 기준 1,260만 달러, 부부 기준 2,520만 달러)으로 영구적으로 유지하겠다는 정책을 제안했다. 이 정책은 고자산가와 부동산 투자자들에게 상속세 부담을 줄여 자산을 세대 간에 더 원활히 이전할 수 있도록 한다.

상속세는 부동산 투자자들에게 민감한 문제이다. 부동산은 자산 규모가 크고 현금화가 어렵기 때문에 상속세를 납부하기 위해 부동산을 매각해야 하는 경우가 발생하기도 한다. 면제 한도가 현재 수준으로 유지된다면 상속세 부담이 줄어들기 때문에, 부동산을 팔지 않고도 세금을 낼 수 있게 된다. 이렇게 되면 상속받은 부동산을 계속 보유하거나 활용할 수 있어서 부동산 시장에 매물이 갑자기 많이 나와 가격이 하락하는 상황을 막을 수 있다.

상속세 면제 한도가 높아지고 영구적으로 유지되면, 상속을 계획하는 사람들이 갑작스러운 세금 증가를 걱정할 필요가 없어진다. 면제 한도가 불확실하면 세금 부담을 줄이기 위해 자산을 미리 팔거나 복잡한 세금 회피 전략을 고민해야 할 수도 있다. 그러나 면제 한도가 영구적으로 유지되면 이러한 불확실성이 사라져 자산을 더 안정적으로 관리할 수 있게 된다.

또한, 상속세 면제 한도가 높고 일정하게 유지되면, 투자자들은 자산을 장기적으로 보유하거나 세대 간에 안정적으로 이전할 계획을 세울 수 있다. 세금 때문에 부동산이나 사업체를 서둘러 팔 필요가 없으니, 자산 관리와 투자에 더 집중할 수 있다. 다시 말하면, 상속받은 고가 부동산을 세금 걱정 없이 유지하며 임대 수익을 창출하거나, 재개발 투자로 자산 가치를 더욱 높이는 데 집중할 수 있다. 세금 규제가 자주 바뀌면 투자자들이 미래를 예측하기 힘들어 장기적인 계획을 세우는 데 어려움을 겪을 수 있고 안심하고 자산을 보유할 수 없게 된다. 따라서, 상속세 면제 한도가 연장된다는 것은 부동산 개발이나 장기 투자 계획을 세우는 데 매우 중요한 요소가 된다.

물론, 일부에서는 상속세 면제 한도의 영구화는 고소득층과 고자산가에게 혜택이 집중된다는 점에서 비판하는 경우도 있다. 그러나 트럼프 대통령은 상속세 부담을 줄이는 것이 자산 매각을 줄이고 투자 자본의 유출을 막아 부동산 시장을 활성화할 수 있을거라고 강조하고 있다.

🇺🇸 기회의 지역 보완 및 강화

'기회의 지역 Opportunity Zones'은 2017년 세제개혁법으로 도입된 정책으로, 경제적으로 어려운 지역에 민간 투자를 유도해 지역 경제를 살리고 일자리를 늘리기 위해 만들어졌다. 이 제도는 부동산 투자자들에게 세금 혜택을 제공해 주택, 상업 시설, 공공 인프라 등을 개발하도록 장려하기 위해 도입되었다. 각 주 정부는 경제적으로 낙후된 지역을 선정해 연방 정부에 제출하고, 이를 검토한 연방 정부가 해당 지역을 '기회의 지역'으로 지정한다. 현재 미국 전역에 약 8,700개의 기회의 지역이 지정되어 있으며, 이들 지역은 주로 도시 중심부, 농촌 지역, 그동안 투자가 부족했던 지역들이다.

'기회의 지역'에 투자하면 투자자들은 여러 가지 세금 혜택을 받을 수 있다. 기존에 소유한 자산을 매각해 생긴 양도소득을 기회의 지역에 재투자할 경우, 해당 소득에 대한 세금 납부를 2026년까지 연기할 수 있다. 또한, 기회의 지역에 투자한 자산을 5~7년 이상 보유하면 양도소득세의 최대 15%를 감면받을 수 있고 10년 이상 보유할 경우 해당 자산에서 발생한 양도소득세를 전액 면제받을 수도 있다. 이러한 혜택 덕분에 이전에는 외면받았던 지역에 민간 자본이 유입되었고 많은 지역에서 새로운 주택과 상업 시설이 생기며 지역 경제가 활기를 띠기 시작했다. 그 결과, 지역 주민들에게도 새로운 일자리와 기회가 제공되었다. 그러나 이 정책이 긍정적인 변화를 가져왔음에도 불구하고 몇 가지 부작용도 발생했다. 민간 투자가 집중되면서 지역 부동산 가격과 임대료가 급격히 올라 기존 저소득 주민들이 더 이상 그 지역에서 살 수 없게 되는 젠트리피케이션* 현상이 나타난 것이다. 이는 정책의 본래 취지와는 다른 결과로, 지역 주민들이 정책의

---

* 특정 지역에 투자가 집중되면서 부동산 가격과 임대료가 상승해, 기존의 저소득층 주민들이 그 지역에서 밀려나고 중산층 이상이 유입되는 현상.

혜택을 누리기보다 오히려 피해를 보는 상황이 된 것이다.

이에 트럼프 2기 행정부는 이러한 문제를 해결하기 위해 몇 가지 보완책을 제안하고 있다. 첫째, 지역 주민들이 급격히 상승하는 임대료 때문에 쫓겨나는 것을 막기 위해 임대료 상한제를 도입하는 방안을 검토하고 있다. 둘째, '기회의 지역' 내 개발 프로젝트에서 현지 주민을 우선적으로 고용하도록 의무화해 지역 주민들에게 직접적인 혜택이 돌아가도록 하겠다는 계획이다. 셋째, 단기적인 이익만을 노리는 투자 대신 10년 이상의 장기 투자를 장려하기 위해 추가적인 세금 혜택을 제공하려는 방안도 검토 중에 있다.

트럼프 1기 행정부 임기 동안, '기회의 지역'은 낙후된 지역을 개발하고 경제를 활성화하는 데 큰 기여를 해왔지만 정책의 효과를 극대화하려면 주민들이 더 많은 혜택을 받을 수 있도록 보완이 필요하다. 트럼프 2기 행정부가 제안하는 이 같은 보완책들은 민간 투자를 더욱 촉진하면서도 지역 주민들의 삶의 질을 높이고 지역 경제를 강화하는 데 중요한 역할을 할 것으로 기대된다.

6. 대출 환경 완화 정책

대출 환경 완화 정책Easing Lending Environment Policies은 대출 기관의 규제를 완화하고 자본 조달 과정을 간소화하여 더 많은 대출이 이루어지도록 지원하는 정책이다. 이러한 정책은 일반적으로 경제 성장 촉진, 부동산 시장 활성화, 그리고 개인 및 기업의 자금 조달을 높이기 위해 고안되었다.

이 정책은 도드-프랭크법Dodd-Frank Act*과 같은 금융 규제 법안을 수정하여 대출 규모를 확대하고 일부 대출의 위험을 정부나 공공 기관이 보증함으로 대출 기관이 부담해야 하는 리스크를 줄이며 금리를 낮추는 등 대출을 완화하는 내용을 담고 있다.

도드-프랭크 월가 개혁 및 소비자 보호법Dodd-Frank Wall Street Reform and Consumer Protection Act이라고 하는 도드-프랭크법은 2010년 7월 21일, 버락 오바마 행정부에서 제정된 법으로, 2008년 금융 위기에 대한 대응책으로 만들어졌다. 이 법은 미국 금융 시스템의 안정성을 강화하고 소비자 보호를 위해 금융 기관과 금융 시장의 규제를 대폭 강화하는 것을 목표로 했다. 그 당시 미국은 부동산 버블과 서브프라임 모기지 사태로 인해 금융 시장이 붕괴하여 대규모의 구제 방안이 필요했다. 이를 계기로 금융 시스템의 규제 강화가 절실히 필요했다. 리먼 브라더스Lehman Brothers와 같은 대형 금융 기관의 파산이 글로벌 금융 시장에 심각한 파급 효과를 미쳤고 불투명한 금융 상품과 부실한 대출 관행으로 인해 소비

---

* 2008년 금융 위기 이후 금융 시스템의 안정성과 소비자 보호를 강화하기 위해 도입된 미국의 법률.

자들이 피해를 입는 사례가 많아졌다. 이와 같은 금융 위기를 극복하기 위해 오바마 행정부에서는 도드-프랭크법을 제정하여 전면적으로 금융 시스템을 강화하고 소비자를 보호하며 대형 금융 기관의 청산 및 구조 조정 절차를 정립하였다. 또한 상업 은행이 자체 계정을 사용해 위험한 투자를 하는 것을 금지하고 은행이 헤지펀드 및 사모펀드에 투자하거나 소유하는 것을 제한하는 이른바 볼커 룰Volcker Rule*을 만들어 은행업과 투자업을 분리시켰다.

이에 트럼프 1기 행정부는 도드-프랭크법을 금융 시장의 성장을 방해하는 과도한 규제로 간주하고, 일부 완화를 추진했다. 시스템적으로 중요한 금융 기관의 기준과 볼커 룰의 일부 조항, 그리고 중소 은행에 대한 규제를 완화했다.

2025년 트럼프 2기 행정부는 금융 규제 완화와 함께 모기지 대출 확대에 중점을 두는 정책을 펼칠 것으로 예상된다. 이 정책은 더 많은 사람이 주택을 소유할 수 있도록 지원하고 부동산 시장의 성장을 촉진하려는 의도로 해석된다. 특히 기존의 엄격한 대출 요건을 완화하거나 새로운 대출 상품을 도입함으로써, 주택 구매를 원하는 중산층과 저소득층 가구에게 더 많은 기회를

---

* 은행이 고유 계정을 사용한 투기적 투자나 헤지펀드 및 사모펀드에의 투자 등 고위험 거래를 제한하여, 은행 고객의 예금을 보호하고 금융 시스템의 안정을 유지하기 위해 도입된 금융 규제.

제공하고 주택 소유율을 높이는 것을 목표로 하고 있다.

이러한 정책 방향은 과거 조지 W. 부시 대통령이 닷컴버블 이후 추진했던 주택 정책과 비슷한 점이 있다. 당시 부시 행정부는 경기 회복과 주택 소유율 확대를 위해 대출 기준을 낮추고 신용점수가 낮은 사람들에게도 대출 기회를 제공하는 비적격 대출 상품을 활성화했다. 서브프라임 모기지가 대표적인 사례로, 이를 통해 그 당시 부동산 시장이 한동안 활발했다. 트럼프 대통령의 Non-QM 대출 확대 정책도 이와 유사하게 전통적인 대출 기준에 맞지 않는 사람들에게 더 유연한 대출 옵션을 제공하는 것이다. 또한, 부시 행정부는 금융 기관들이 대출을 더 쉽게 제공할 수 있도록 규제를 완화했으며, 트럼프 대통령 역시 금융 규제를 완화해 대출 절차를 간소화하고 금융 시장에 더 많은 유동성을 공급하려는 계획이다. 두 행정부 모두 주택 시장을 활성화하여 경제 성장을 촉진하려는 공통된 목표를 가지고 있다.

그러나 두 정책에는 분명한 차이점이 있다. 부시 행정부의 주택 정책은 닷컴버블 붕괴 이후 경제를 회복시키기 위해 추진되었으며, 당시 주택 시장은 성장 가능성이 높은 상황이었다. 반면, 트럼프 대통령의 정책은 팬데믹 이후 경기 회복과 고금리 환경으로 인해 위축된 주택 시장을 다시 활성화하는 데 초점이 맞춰져 있다. 또한, 부시 행정부 당시에는 서브프라임 모기지 사태로 2008년 금융 위기가 발생했지만, 현재는 도드-프랭크법Dodd-Frank Act과 같은 제도적 안전장치가 금융 시스템의 안전을 유지하고 있다. 트럼프 대통령이 추진하는 금융 규제 완화가 이러한 안전장치를 유지하면서도 대출 시장을 확대할 수 있을지가 매우 중요할 것으로 보인다.

트럼프 2기 행정부는 자영업자, 비전통적인 소득 구조를 가진 근로자, 그리고 신용 점수가 낮아 기존 대출 요건을 충족하지 못했던 사람들에게도 대출 접근성을 높이는 방안을 검토하고 있다. 이는 Non-QM 대출 시장의 확대로 이어질 것으로 예상된다. Non-QM 대출은 차입자의 상환 능력을 유연하게 평가하여 다양한 계층에게 주택 구매를 가능하게 하는 상품으로 대출 접근성을 크게 확대할 수 있을 것이다. 또한 트럼프 2기 행정부는 금융 규제 완화를 통해 은행과 금융 기관들이 더 다양한 대출 상품을 제공하도록 할 것으로 보인다. 대출 승인 절차를 간소화하거나 대출 한도를 높이는 방식으로, 더 많은 사람들이 대출을 받을 수 있도록 할 것이다. 이러한 정책은 주택 구매력을 높이고 부동산 시장의 유동성을 강화하고 건설 산업과 관련된 일자리 창출로 이어질 것으로 예상된다. 따라서, 트럼프 대통령의 모기지 대출 확대와 금융 규제 완화 정책은 더 많은 사람에게 주택을 소유할 기회를 제공하고 부동산 시장의 안정성과 지속적인 성장을 위해 중요한 역할을 할 것으로 기대된다. 그러나 과거 부시 행정부의 경험을 교훈 삼아 금융 안정성을 유지할 수 있는 제도적 안전장치를 마련해야지만 안정적이고 지속 가능한 부동산 시장을 기대할 수 있을 것이다.

7. 새로운 정책으로 인한 경제적, 사회적 변화와 미국 부동산 시장의 미래

앞서 트럼프 2기 행정부가 실행하려는 정책들 중, 미국 부동산 시장에 변화를 가져올 가능성이 있는 주요 정책들을 살펴보았다. 규제 완화를 중심으로 한 정책, 부동산 시장을 활성화할 수 있는 세금 혜택 강화, 그리고 대출 환경 완화와 관련된 정책들이 대표적이다. 이제는 미국 부동산 시장에서 수요와 공급에 영향을 미쳐 가격 변화를 초래할 수 있는 경제적, 사회적 요인들을 살펴보고, 이러한 변화에 투자자로서 어떻게 대처할 수 있을지 고민해 보려 한다.

대부분의 사람들은 트럼프 2기 행정부가 가져올 정책 변화와 그로 인한 불확실성이 미국 부동산 시장의 미래를 불안정하게 만들 수 있다고 생각한다. 이런 불확실성을 줄이기 위해서는 트럼프 1.0 시대의 정책들과 그로 인한 경제적, 사회적 변화가 미국 부동산 시장에 미친 영향을 되짚어보는 것이 필요하다. 과거를 분석함으로써 트럼프 2.0 시대의 정책 방향과 경제적·사회적 변화를 예측할 수 있을 것이며, 이를 바탕으로 미국 부동산 시장의 미래를 보다 명확하게 전망할 수 있을 것이다. 따라서, 트럼프 2기 행정부의 정책과 미국 부동산 시장의 미래를 이해하려면 트럼프 1.0 시대의 주요 정책과 당시 경제, 사회, 그리고 부동산 시장에 미친 영향을 분석하는 것이 중요하다. 과거의 변화를 통해 얻은 교훈은 앞으로의 부동산 시장을 전망하고 변화에 효과적으로 대처하는 데 중요한 길잡이가 될 것이다.

🇺🇸 트럼프 1.0 시대의 정책과 미국 부동산 시장의 변화

트럼프 1기 행정부는 첫해인 2017년부터 세제개혁법을 통해 대규모 세금 감면을 시행하며 경제 활성화를 본격적으로 추진했다. 법인세율을 기존 35%에서 21%로 대폭 낮춰 기업들이 더 많은 자본을 확보하고 투자를 확대할 수 있도록 했으며, 개인 소득세율도 낮춰 중산층과 고소득층 모두 소비 여력을 늘릴 수 있었다. 1031 동종자산교환 제도를 유지해 투자자들이 부동산을 재투자할 때 양도소득세를 유예받을 수 있도록 하여 부동산 투자를 더욱 장려했다. 또한, 금융 및 주택 시장의 각종 규제를 완화해 기업과 소비자가 시장에 더 쉽게 접근할 수 있도록 했다.

트럼프 1기 행정부는 보호무역주의를 기반으로 한 무역 정책을 통해 미국 내 제조업을 유치하고 글로벌 무역 환경에 영향을 주었으며, 이는 부동산 시장에도 간접적인 영향을 미쳤다. 이러한 감세와 규제 완화 정책으로 기업과 소비자들의 투자 활동이 활발해졌고 특히 법인세 인하 효과로 상업용 부동산 투자가 활성화되면서 많은 투자자가 시장에 적극적으로 참여하게 되었다.

2018년에는 미국 경제가 강한 성장세를 이어갔으나, 동시에 무역 갈등이 본격적으로 시작된 해였다. 감세와 규제 완화 정책으로 기업 활동이 활성화되면서 고용 시장이 안정되고 미국 부동산 시장도 성장세를 유지했다. 대출 규제가 완화되면서 주택담보 대출이 증가했고 상업용 부동산 투자도 활발하게 이루어졌다. 그러나 중국과의 무역전쟁으로 철강 및 알루미늄 관세가 부과되면서 건축 자재비가 상승했고 이에 따라 부동산 개발 비용이 증가하며 공급부족이 지속되었다. 결국 신규 주택 건설 속도가 느려지면서 주택 가격은 계속 오르게 되었다.

2019년은 무역 갈등이 심화되면서 미국 경제가 둔화될 조짐을 보인 해였다. 특히, 중국산 제품에 대한 추가 관세 부과는 무역 전쟁의 긴장을 고조시켰고, 이는 제조업 약화로 이어졌다. 이에 연준이 금리를 인하하며 주택 구매 수요를 촉진했고 저소득층 주택 세금 공제가 유지되면서 상업용 부동산 시장은 안정세를 이어갔다. 이러한 요인들로 인해 미국 부동산 시장은 전반적으로 안정적인 모습을 보였다.

2020년은 팬데믹으로 인해 미국 경제가 큰 타격을 입은 해이자, 트럼프 1기 행정부의 마지막 임기였다. 팬데믹으로 경제 위기가 심화되자 약 2조 달러 규모의 경기 부양책을 시행했고 연준은 기준금리를 0% 가까이 인하했다. 이에 따라 주택 구매 수요가 급증하면서 중간 주택 가격이 30만 3,900달러로 12.6% 상승했다. 상업용 부동산 시장에서는 오피스와 소매 부문이 침체되었지만, 물류 창고와 산업용 부동산은 강세를 보이며 차별화된 양상을 보였다.

트럼프 1기 행정부는 감세와 규제 완화를 통해 경제 성장을 촉진했지만, 무역 갈등과 팬데믹이 경제와 부동산 시장에 긍정적, 부정적 영향을 주었다. 특히, 낮은 금리와 정책적 지원은 주택 가격 상승과 상업용 부동산 투자 증가로 이어지며 미국 부동산 시장에 다양한 변화를 불러왔다.

🇺🇸 트럼프 1.0 시대의 금리, 인플레이션율, 환율의 변화로 인한 미국 부동산 시장의 변화

트럼프 1기 행정부의 첫해인 2017년, 경제 회복과 소비 증가로 물가 상승률CPI은 2.1%를 기록하며 안정적인 상승세를 보였다. 연준은 경제 호황과 인플레이션 억제를 위해 기준금리를 두 차례 인상(1.25% → 1.50%)했지만, 30년 고정 주택담보대출 금리는 평균 4.03%로 낮은 수준을 유지하며 주택 구매 수요가 강세를 보였다. 또한, 미국 부동산이 안정적인 투자처로 인식되면서 외국인 투자액은 약 740억 달러에 달했으며, 주요 투자국은 캐나다, 중국, 영국 등이었다. 낮은 금리와 경제 회복이 맞물려 미국 부동산 시장에 활력을 더한 해였다.

2018년은 미국 경제 성장과 무역 갈등, 그리고 달러 강세가 두드러진 해였다. 소비자 물가 지수는 2.4%로 상승했으며, 철강 및 알루미늄 관세로 건축 자재비가 증가해 건설 비용이 크게 올랐다. 연준은 경제 과열을 방지하고 인플레이션을 통제하기 위해 기준금리를 네 차례 인상(1.50% → 2.50%)하였고, 30년 고정 주택담보대출 금리도 평균 4.54%로 상승했다. 이는 특히 중저가 주택 시장에서 주택 구매 수요를 감소시키는 요인이 되었다. 외국인 부동산 투자는 약 770억 달러로 전년 대비 소폭 감소했다. 특히 미국-중국 무역 갈등으로 인해 중국 투자자들의 참여가 줄었는데, 이는 달러 강세로 투자 비용이 증가했기 때문이다. 이러한 달러 강세는 연준의 금리 인상, 중국 위안화 약세, 그리고 글로벌 경제 불확실성 속에서 안전자산으로서의 달러에 대한 수요가 증가했기 때문으로 풀이된다. 또한, 세금 혜택으로 미국 내 기업 투자가 증가하였고 고용 시장이 강화되었다는 점도 달러 강세를 뒷받침했다. 결론적으로, 2018년은 금리 인상과 무역 갈등, 그리고 달러 강세로 글로벌 경제의 불확실성이 제기되었고, 이에 따라 안전한 달러를 확보하기 위한 외국인 투자자들이 달러 강세임에도 불구하고 미국 부동산을 구매하는 경우가 많았다.

2019년은 경제 둔화 우려와 국제 무역 갈등 속에서 미국 경제와 부동산 시장이 새로운 국면을 맞은 해였다. 연준은 2019년 초반 금리를 동결했지만, 하반기 들어 시장 안정화를 위해 세 차례나 금리 인하를 단행했다. 이러한 변화로 다시 미국 부동산 시장이 활성화되었지만, 외국인 투자자들의 참여는 여전히 저조했다. 소비자 물가 상승률은 2.3%로 안정세를 유지하였고 지속되는 무역 갈등이 소비자 심리를 위축시켰다. 기준금리는 2019년 초반 2.50%를 유지했으나, 경기 둔화와 글로벌 경제 불확실성을 고려해 하반기 세 차례에 걸쳐 2.00%로 인하했다. 이는 달러 강세를 제한하여 안정적인 환율을 유지하기 위함이었다. 낮아진 금리가 기업과 소비자의 대출 비용을 줄일 수 있도록 하여 미국의 전반적인 경제 활동을 지원했다.

  30년 만기 고정 모기지 금리는 평균 3.94%로 낮아져 주택 구매력이 증가하였고 재융자의 수요도 증가했다. 그러나 상업용 부동산의 투자는 국제적 무역 갈등으로 인해 전반적으로 제약을 받았다. 외국인 부동산 투자액은 약 770억 달러에서 740억 달러로 감소했다. 특히 미중 무역 갈등과 중국의 자본 유출 통제로 인해 중국인들의 미국 부동산 투자 규모가 축소되었던 반면, 캐나다와 멕시코가 주요 투자국으로 부상하며 중국의 공백을 일부 메우게 되었다. 전반적으로 2019년은 연준의 금리 인하가 미국 부동산 시장을 회복시켰으나 무역 갈등과 국제 경제 불확실성으로 인해 외국인 투자자들은 감소했다.

 2020년은 팬데믹으로 경제와 금융 시장이 큰 변화를 겪은 해였다. 소비 감소와 경제 위축으로 소비자 물가 상승률은 1.4%로 둔화되었으며, 공급망 혼란으로 건축 자재비가 급등했다. 연준은 팬데믹에 대응하기 위해 기준금리를 2.00%에서 0.25%로 대폭 인하하고, 무제한 자산 매입을 발표하며 시장에 유동성을 공급했다. 이러한 정책은 주택 구매 붐을 일으켰다. 30년 만기 고정 모기지 금리가 평균 3.11%로 역대 최저치를 기록했고, 중간 주택 가격은 30만 3,900달러로 급등했다. 그러나 외국인 부동산 투자액은 약 740억 달러에서 540억 달러로 크게 감소했다. 이는 팬데믹으로 국제 여행이 제한되었기 때문이다. 또한 글로벌 경제 불확실성으로 인해 상업용 부동산보다 주거용 부동산을 선호하는 현상이 발생했다.

 한편, 팬데믹때문에 생긴 경제 위기를 극복하기 위해 실시한 대규모 경기 부양책과 금리 인하는 달러 약세를 초래했다. 대선 결과와 팬데믹 대응 혼란 등 정치적 불확실성 또한 달러 약세를 심화시키는 요인으로 작용했다. 낮아진 금리와 정부의 적극적인 경기 부양책으로 미국 주택 시장은 오히려 수요가 급증하고 공급은 현격히 부족한 상태가 되면서 미국 주택 가격은 폭등했다.

 이처럼 트럼프 1기 행정부의 임기 4년 동안의 금리, 인플레이션율, 환율의 변화로 인한 미국 부동산 시장의 변화를 정리해 보았다.

요약하면, 트럼프 1.0 시대는 전반적으로 금리와 물가가 안정된 가운데, 미국 부동산 시장이 강세를 보인 시기로 평가된다. 법인세 인하와 세금 혜택, 규제 완화는 미국 내 부동산 투자자들에게 활발한 투자 환경을 마련해 주었고, 연준의 금리 인하 정책은 팬데믹 기간 중 주택 구매 붐을 일으켰다. 낮아진 금리는 주택담보대출 비용을 줄여 중산층의 주택 구매력을 증가시켰다. 그러나 이 시기에는 무역 갈등과 팬데믹으로 외국인 투자자들의 미국 부동산 진출이 쉽지 않았다. 특히 미국-중국 간 무역전쟁과 철강 및 알루미늄 관세 부과는 건축 자재비 상승을 초래하며 부동산 개발 비용이 증가하여 미국 부동산 가격이 상승했다. 한편, 팬데믹으로 국제 여행 제한과 글로벌 경제 불확실성이 심화되면서 외국인 부동산 투자액은 감소했고, 상업용 부동산보다는 주거용 부동산이 주요 투자 대상으로 주목받았다.

트럼프 1.0 시대의 환율 변화는 무역 갈등, 금리 변화, 팬데믹 등의 주요 요인에 따라 달라졌다. 트럼프 1기 행정부 임기 초기에는 세금 혜택과 금리 인상으로 달러 강세가 지속되었으나, 무역 갈등과 팬데믹으로 인해 대규모 경기 부양책으로 점차 약세로 전환되었다. 달러 강세는 외국인 투자자들에게 높은 투자 비용 부담으로 미국 부동산 투자 활동을 위축시켰지만, 반대로 달러 약세는 외국인 투자자들에게 미국 부동산을 더욱 부각하는 역할을 했다.

🇺🇸 트럼프 1.0 시대의 고용 지표와 실업률의 변화로 인한 미국 부동산 시장의 변화

트럼프 1.0 시대는 고용시장에서 눈에 띄는 성장을 기록한 시기였다. 연평균 200만 개 이상의 신규 일자리가 창출되었고 2019년에는 실업률이 3.5%로 하락해 50년 만에 최저치를 기록했다. 그러나 2020년 팬데믹으로 약 950만 개의 일자리가 감소하며 실업률은 6.7%로 급등했다.

한편, 트럼프 1기 행정부가 단행한 불법 이민자 추방은 특정 산업에서 노동력 부족 문제를 초래했다. 농업, 건설업, 식당 등의 서비스업 등 불법 이민자 노동력 의존도가 높은 분야의 일부 저임금 일자리는 미국 시민과 합법 이민자들에게 돌아가 인건비가 상승했다. 이러한 불법 이민자 추방은 건설업에서 심각한 노동력 부족을 초래했다. 이로 인해 신규 주택 건설이 지연되고 인건비가 상승하며 건축 비용이 증가했다. 그 결과, 주택 공급부족이 심화되어 미국 주택 가격이 급상승했는데 특히 이러한 현상은 고가 주택 시장에서 더욱 두드려졌다. 한편, 저소득층 임대 시장에서는 이민자 수요 감소로 공실률이 상승하고 임대료가 하락했다.

반면, 고가 주택 시장은 금리가 낮아 고소득층 중심의 신규 주택 구매와 외국인 투자가 증가하여 고가 주택 시장이 활성화되었다.

지금까지 트럼프 1.0 시대의 정책과 그에 따른 경제적, 사회적 변화에 따른 미국 부동산 시장의 변화 과정을 되돌려 짚어보았다. 이러한 내용들을 기준으로 트럼프 2.0 시대에 펼쳐질 정책에 따른 경제적, 사회적 변화를 예측하고 미국 부동산 시장의 미래가 어떻게 전개될 수 있을지 가늠해 볼 수 있을 것이다.

🇺🇸 트럼프 2.0 시대의 정책에 따른 경제적, 사회적 변화 및 미국 부동산의 미래

미국 법인세 인하

트럼프 1기 행정부는 2017년 세제개혁법을 통해 미국 법인세율을 기존 35%에서 21%로 대폭 인하하며 기업의 세금 부담을 줄이고 경제 활성화를 도모했다. 트럼프 대통령은 트럼프 2기 행정부 임기에는 법인세율을 15%로 추가 인하하겠다는 공약을 내세워 미국을 글로벌 비즈니스 중심지로 전환하려는 계획을 밝혔다. 이러한 정책은 기업들이 세금을 절감한 자금을 성장과 재투자에 활용할 수 있게 하여 고용을 창출하고 생산성을 높이는 데 중점을 두고 있다.

특히 트럼프 대통령은 미국 내 제조업 부흥을 위한 추가 세금 혜택도 제안했다. 이는 미국 내에서 제조 활동을 하거나 해외에 있는 생산 시설을 미국으로 이전하는 기업에게 추가적인 세금 감면을 제공하는 방안을 포함하고 있다. 이에 따라 대기업뿐만 아니라 중소기업까지도 경제적 성장을 이루며, 외국 기업의 미국 진출과 기존 기업의 확장을 유도할 것으로 기대된다.

이러한 법인세 인하 정책은 기업의 비용 절감과 글로벌 경쟁력 강화를 통해 미국 경제 전반에 긍정적인 영향을 미칠 것으로 보인다. 특히 제조업의 미국 내 진출이 늘어나면 공장과 물류 창고와 같은 산업용 부동산의 수요가 크게 증가할 것이다. 이에 따라 미국 중서부와 남부 지역에서 산업용 부동산 개발이 활발해질 것으로 보이며, 이 지역에서의 제조업 성장은 고용 증가로 이어지고, 이는 인구 유입과 함께 주택 수요를 높여 주택 시장이 활성화될 것으로 예상된다. 그러나 이러한 법인세 인하 정책은 기업의 세금 감면에 따라 정부의 예산 적자가 확대될 수 있다. 트럼프 1기 행정부 시기와 마찬가지로 관세 정책과 무역 협상을 통해 예산 적자를 매우려는 시도가 예상되지만, 그 과정에서 무역 갈등이 심화될 가능성도 배제할 수 없을 것이다. 또한, 기업 투자와 소비 증가로 인해 인플레이션이 상승할 가능성도 있다. 이는 연준의 금리 인상으로 이어져 부동산 시장에 부정적인 영향이 될 수 있다. 마지막으로, 제조업의 과도한 성장과 환경 규제 완화가 맞물리면서 지역 환경 문제가 발생할 수도 있다. 특히 제조업 중심의 개발이 활발한 지역에서는 환경 오염 문제와 주민들의 갈등이 새로운 문제로 대두될지도 모른다. 따라서, 법인세 인하 정책은 미국 경제와 부동산 시장에 긍정적인 영향을 줄 수 있겠지만, 정부 재정, 금리 변화, 환경 문제와 같은 문제도 풀어야 할 과제로 동반될 것으로 보인다.

관세 정책

트럼프 2.0 시대에는 트럼프 1.0 시대의 미국 우선주의America First를 바탕으로 관세 정책이 한층 더 강화될 것으로 보인다. 트럼프 1기 행정부는 무역 적자를 줄이고 미국 내 제조업을 보호하기 위해 관세를 주요 정책 수단으로 활용했으며, 이러한 방향성은 두 번째 임기에서도 더욱 분명해질 전망이다. 특히, 중국과의 무역 협상, 동맹국과의 무역 협정 재검토와 특정 산업 보호에 중점을 둔 관세 정책이 강화될 것이다. 또한, 트럼프 2.0 시대에는 기존 관세에 더해 새로운 관세가 추가될 예정이다. 이는 미국 내 제조업과 기술 산업을 보호하고 육성하기 위한 조치로, 중국산 수입품의 가격을 인상시켜 기업들이 미국 내에서 생산을 확대하도록 유도하려는 목적을 가지고 있다. 또한, 철강과 알루미늄 같은 주요 산업에 추가 관세가 부과될 가능성이 있으며 에너지와 농산물 수출을 강화하기 위한 무역 협상도 병행될 것으로 보인다. 반도체와 배터리 같은 기술 산업 제품에 대한 수입 규제가 강화되어, 수입을 줄이고 미국 내 생산과 수출을 확대하려는 움직임도 예상된다. 그러나 이러한 관세 정책은 몇 가지 부작용도 따를 수 있다. 수입품과 부품의 가격이 상승하면 미국 내 물가가 오르고 소비자들의 부담이 늘어날 수 있다. 소비자 물가 상승은 결국 금리 인상으로 이어질 수 있어, 이는 부동산 시장에 부정적인 영향을 미칠 수 있다.

한편, 관세 정책이 강화되면 제조업 부흥으로 공장과 물류 센터 등 산업용 부동산에 대한 수요가 크게 증가할 것으로 예상된다. 특히, 남부와 중서부 지역에서는 산업용 부동산 개발이 활발해지고 제조업 성장으로 고용이 늘어나면서 인구 유입이 증가할 것으로 예상된다. 이로 인해 이 지역의 주택 수요가 높아지고, 주택 시장이 활성화되어 주택 가격이 상승할 가능성이 있다. 그러나 철강과 알루미늄 같은 건축 자재에 관세가 부과되면 건설 비용이 상승할 수 있다. 이는 주택과 상업용 부동산 개발의 수익성을 낮추거나 부동산 가격 상승으로 이어질 수 있다.

반면, 관세 정책으로 인한 글로벌 경제 불확실성과 달러 강세는 외국인 투자자들에게 부담이 될 수 있을 것이다. 달러 강세는 외국인 투자자들의 미국 내 상업용 부동산 투자 비용을 증가시키므로 상업용 부동산 시장에서 외국인 투자 활동이 감소할 수 있다. 그러나 안정적인 수익을 기대할 수 있는 주택 시장으로 외국인 투자자들이 유입될 가능성도 배제할 수 없다. 따라서, 트럼프 2.0 시대의 관세 정책은 미국 제조업 부흥과 산업용 부동산 시장을 활성화할 것이며, 특정 지역의 부동산 시장에 큰 영향을 미칠 것으로 예상된다.

불법 이민자 추방 정책

트럼프 대통령은 선거 공약에서 트럼프 2.0 시대에 시행될 불법 이민자 추방 정책을 밝혔다. 이 정책은 특히 건설업계에 직접적인 영향을 미칠 가능성이 크다. 현재 미국 건설 분야는 이미 노동력 부족으로 신규 주택 공급이 지연되고 있는 상황이다. 불법 이민자들이 대거 추방될 경우, 이 같은 노동력 부족 문제가 더욱 심화되어 주택 공급부족 현상이 가중될 가능성이 있다. 불법 이민자들이 떠난 자리에는 미국 시민과 합법적인 이민자들이 일부 저임금 일자리를 채울 수 있겠지만, 이는 임금 상승으로 이어질 가능성이 높다. 건설 비용이 증가하면 주택 개발 비용도 올라가며, 이는 주택 가격 상승을 초래할 수 있다. 또한, 일부 지역에서는 저소득층의 임대 수요가 줄어들어 공실률이 증가하고 임대료가 하락할 가능성 역시 생각해 봐야 할 것이다.

앞서 언급했듯이, 트럼프 2.0 시대의 핵심은 규제 완화 정책이다. 이러한 정책은 경제를 활성화하려는 의도로 추진되지만, 단기적으로는 인플레이션 상승의 리스크를 동반할 가능성이 있다. 이에 따라 연준이 2025년에 기준금리를 몇 차례 더 인하할지에 대해서는 아직 불확실하다. 만약 인플레이션 우려로 추가적인 금리 인하가 지연된다면, 이는 경기 회복 속도를 늦출 가능성도 있다.

그러나 트럼프 대통령은 기업 투자와 경제 성장을 촉진하기 위해 낮은 금리를 선호하는 입장을 꾸준히 밝혀왔다. 따라서 트럼프 2기 행정부는 감세와 규제 완화에 더해 대출과 투자를 장려하기 위해 금리 인하를 압박할 가능성이 높아 보인다. 금리가 낮아지면 부동산 개발과 거래량이 늘어나고, 기업의 대출 비용이 감소하면서 투자와 소비가 활성화될 수 있다.

하지만 이러한 정책이 불법 이민자 추방과 맞물리면 새로운 변수로 작용할 수 있다. 불법 이민자 감소로 건설업 등 특정 산업에서 노동력 부족 현상이 심화될 경우, 인건비 상승이 인플레이션을 자극할 가능성이 있다. 그리고 트럼프 2.0 시대에는 달러 약세가 예상되지만, 글로벌 경제 불확실성이 커질 경우에는 달러가 강세로 전환될 가능성도 있다. 따라서, 트럼프 2.0 시대의 금리와 경제 정책은 다양한 요인들이 얽혀 있어 단정적으로 예측하기 어렵다. 다만, 규제 완화와 감세, 금리 정책은 단기적으로 경제와 부동산 시장에 활기를 불어넣을 가능성이 높으며, 이 과정에서 발생할 수 있는 인플레이션과 노동력 부족 같은 리스크를 함께 고려해야 할 것이다.

트럼프 2.0 시대에 예상되는 경제적·사회적 변화를 정확히 예측하는 것은 쉽지 않다. 그러나 앞서 살펴본 트럼프 1.0 시대의 흐름을 바탕으로 다가올 미국 부동산 시장의 방향성을 어느 정도 가늠할 수는 있을 것이다. 이를 통해 투자자들은 다가올 변화에 발맞춰 투자 전략을 유연하게 조정하길 바란다.

7. 트럼프 2.0 시대에 주목할 만한 미국 부동산 유형

앞서 알아본 바와 같이, 트럼프 2.0 시대의 규제 완화와 감세 정책은 단기적으로 경제를 활성화하고, 부동산 개발과 투자가 증가하는 환경을 조성할 것으로 예상된다. 이에 따라 특정 부동산 유형이 새로운 투자 기회로 주목받을 수 있을 것이다. 이제 트럼프 2.0 시대의 정책 방향에 맞춰 주목해야 할 미국 부동산 유형들을 살펴보겠다.

🇺🇸 단독 주택 및 고급 주택

트럼프 2.0 시대를 맞이하면서 미국 고급 주택 시장은 새로운 전환점을 맞이하고 있다. 감세 정책, 규제 완화, 대출 완화 등 트럼프 행정부의 정책적 변화로 인해 고급 주택 시장이 확장될 전망이다. 이러한 정책적인 변화는 구매력을 상승시켜 새로운 세대가 이러한 시장에 진입할 것이고, 선호 지역과 최신 미국 주택 트렌드 역시 변할 것으로 보인다.

2024년 다소 둔화된 전반적인 주택 시장과는 달리, 고급 부동산 시장은 예외적으로 강력한 성장세를 보였다. 2025년에는 다양한 매물 증가와 구매력 확대, 시장 신뢰 회복으로 더 많은 구매자가 고급 주택 시장에 재진입할 것으로 보인다. 2024년 기준 고급 단독 주택 재고는 전년 대비 14.4% 증가했는데 2025년에도 지속적으로 증가할 것으로 예상되며 향후 기대되는 모기지 금리 하락이 구매자들의 자금 부담을 줄여 거래가 좀 더 활성화될 것으로 예상한다.

2025년에는 X세대와 여성 구매자들이 럭셔리 주택 시장의 주요 구매층으로 부상할 전망이다.

웰스-엑스Wealth-X*의 자료에 따르면, 2014년부터 2024년까지 X세대의 고급 주택 소유율이 10% 증가하며 현재 고액 자산가 고급 주택 구매자의 53.4%를 차지하고 있다. 또 여성 구매자들은 약 15%를 차지하고 있어 이들이 구매에 주도적인 역할을 하고 있다고 볼 수 있다.

전통적으로 럭셔리 부동산 시장은 뉴욕, 로스앤젤레스, 샌프

---

* 세계 부유층과 초고액 자산가에 대한 데이터와 통찰을 제공하는 글로벌 리서치 및 분석 기관.

란시스코와 같은 도시가 주도해 왔다. 그러나 트럼프 2.0 시대에는 감세 정책과 인프라 투자가 결합되어 새로운 선벨트 지역들이 부상할 것으로 예상한다.

🇺🇸 멀티 패밀리 아파트 임대 부동산

트럼프 2.0 시대에 멀티 패밀리 아파트 임대 부동산 시장은 다시 활기를 찾을 것으로 보인다. 규제 완화, 세금 혜택 확대, 안정적인 거주용 부동산을 선호하는 트렌드는 미국 부동산 투자자들을 이 시장으로 끌어당길 것이다.

새 행정부의 규제 완화 정책은 부동산 개발 절차를 대폭 간소화하여, 개발 승인 시간을 줄이고 비용을 절감할 것으로 보인다. 이는 공급부족 시장에서 신규 개발이 활성화될 것으로 보이며, 2025년 이후 초기 공급과잉의 흡수와 함께 주요 시장에서는 공급부족이 나타날 것으로 예상된다. 이에 많은 투자자가 노후화된 건물을 리노베이션하고 신규 개발을 확장할 것으로 보인다. 특히, 땅이 저렴하고 일자리와 인구 유입이 많아 성장할 수 있는 2선 도시*로 많이 진출할 것으로 예상된다. 노동력 부족과 건축 자재 비용 상승이라는 주시해야 하는 주요 과제는 있겠지만, 트

---

*   경제 규모나 인구 면에서 주요 대도시(1선 도시)보다는 작지만, 지역 중심지로서 지속적 성장과 활발한 경제 활동을 보이는 도시.

럼프 2.0 시대는 멀티 패밀리 부동산 투자자들에게 엄청난 기회를 제공해 줄 것이다.

🇺🇸 물류 창고 및 트럭 터미널

트럼프 2.0 시대에는 물류 창고와 트럭 터미널 같은 산업용 부동산이 2025년에도 주목해야 할 주요 부동산 유형으로 떠오를 전망이다. 에너지 정책, 관세 정책, 세금 정책 등은 물류와 운송 인프라에 직접적인 영향을 미치기 때문에 산업용 부동산 시장은 새로운 투자 기회로 부각될 가능성이 크다.

트럼프 2.0 시대의 에너지 정책은 석유 생산 확대와 유가 안정화를 목표로 하고 있다. 이를 통해 유가를 배럴당 40~50달러 수준으로 유지하려는 의도가 담겨 있으며, 이는 물류와 운송 비용을 낮추는 데 기여할 것으로 보인다. 낮은 유가는 트럭 운송 시장을 활성화시키고, 물류 업체들이 더 많은 물류 창고와 트럭 터미널을 필요로 하게 만들 것이다. 특히, 물류 창고의 수요는 주요 물류 허브 지역인 조지아주와 텍사스주에서 두드러질 가능성이 크다. 이러한 지역은 이미 물류와 운송업의 중심지로 자리 잡고 있어, 에너지 정책으로 인한 유가 안정화와 함께 물류 부동산 시장의 활발한 성장이 기대된다.

트럼프 대통령은 외국산 수입품, 특히 중국산 제품에 대한 관세를 대폭 인상하겠다는 계획을 내세우고 있다. 따라서 물류 창고와 트럭 터미널의 역할이 강화될 것으로 보인다.

리쇼어링Reshoring*으로 미국 내 제조업과 조립식 공장이 늘어나면서 창고 및 유통 센터의 수요가 증가할 것으로 예상된다. 또한, 멕시코와 같은 미국과 근접한 지역에서 생산된 제품이 미국으로 유입되면, 국경 지역 물류 창고의 수요가 급증할 것이다. 장기적인 안목에서는, 관세 부과로 인해 국제 무역이 감소하면서 미국 내 물류 인프라가 더 중요한 역할을 맡게 될 것으로 예상한다.

트럼프 2기 행정부의 정책은 전기차EV : Electronic Vehicle로의 전환을 지연시키고 내연기관차ICE: Internal Combustion Engine**의 생산을 늘릴 가능성이 크다. 내연기관차는 전기차보다 물류와 운송 의존도가 높아 트럭 터미널과 물류 창고 수요를 촉진할 것으로 보인다. 미시간주, 테네시주, 앨라배마주 등 자동차 제조업 중심 지역에서 물류 인프라 확장이 예상된다.

트럼프 대통령은 미국 내 제조업에 대한 세금 감면과 법인세 추가 인하를 제안하며, 물류 창고와 트럭 터미널 개발을 장려하고 있다. 물류 창고 개발은 감가상각 혜택과 세금 혜택으로 더욱 주

---

* 기업이 해외로 이전했던 생산시설이나 사업활동을 본국으로 다시 이전하는 경제 활동.
** 휘발유, 디젤 등 화석 연료를 연소하여 발생한 에너지를 동력으로 사용하는 자동차를 의미.

목받을 만한 프로젝트가 될 것이며, 법인세 인하와 규제 완화로 물류 창고와 트럭 터미널에 민간 투자가 증가할 것으로 예상된다.

이렇듯, 트럼프 2.0 시대는 유가 하락, 관세 정책, 세금 감면, 환경 규제 완화 등이 물류 창고와 트럭 터미널에 큰 변화를 가져올 것으로 보인다. 투자자들은 이러한 변화를 주시하고 미국의 주요 물류 허브와 수요가 급증하는 지역을 중심으로 투자 전략을 세워야 할 시점이다.

🇺🇸 데이터 센터

트럼프 2.0 시대에 데이터 센터는 꾸준한 성장과 함께 황금기를 맞이할 준비를 하고 있다. 규제 완화와 기술 혁신은 데이터 센터 수요를 촉진할 것이며, 일론 머스크와 같은 기술 혁신 리더들의 프로젝트가 이 시장의 성장을 더욱 가속화할 것으로 보인다. 데이터 센터는 디지털 경제의 중심에서 중요한 역할을 하며, 클라우드 서비스, 5G 네트워크, 인공지능(AI) 등 첨단 기술의 발전과 함께 더욱 주목받고 있다.

규제 절차가 줄어들면서 데이터 센터를 빠르게 지을 수 있고 지역 정부와의 협력을 통해 데이터 센터 건설에 필요한 전력 및 네트워크 인프라 투자 비용이 감소할 것으로 예상된다.

스타링크Starlink*의 위성 인터넷 서비스와 자율주행 기술, 그리고 5G 네트워크 확산은 대량의 데이터를 처리하고 저장하기 위한 데이터 센터를 절실히 필요로 하고 있다. 데이터 센터는 10년에서 20년 장기 임대 계약으로 안정적인 수익을 제공하며, 주요 임차인은 구글, 마이크로소프트와 같은 글로벌 기업이라 안정적인 임대 수입을 보장한다. 그러나 데이터 센터 개발은 초기 투자 비용이 높아 시장 참여와 경쟁을 제한할 수 있어 기존 소유자들에게 유리한 부동산 유형이며 주로 조지아주, 텍사스주, 애리조나주, 노스캐롤라이나주 등 전력 비용과 부동산 가격이 저렴한 지역에서 신규 데이터 센터 개발이 활성화되고 있다.

특히, 조지아주 애틀랜타시는 데이터 센터 개발이 급증하며, 미국 전역의 데이터 센터 붐을 대표하는 도시로 떠오르고 있다. 부동산 분석 회사 그린 스트리트Green Street에 따르면, 애틀랜타 메트로 지역의 데이터 센터 용량은 2028년까지 4,000메가와트를 초과할 것으로 예상되는데, 이는 2012년 대비 30배 이상 증가한 수치이다. 월스트리트저널에 따르면, 과도한 데이터 센터 개발에 대해 애틀랜타시 시장 안드레 디킨스는 데이터 센터 개발이

---

* 스페이스X(SpaceX)가 개발한, 저궤도 위성을 통해 전 세계 어디서나 고속 인터넷 접속을 가능하게 하는 위성 인터넷 서비스.

저렴한 주택 및 커뮤니티 중심 개발보다 우선시될 수 없다고 강조하며 도심 경계 내 데이터 센터 확장에 제한을 두었다. 그러나 데이터 센터 건설은 여전히 애틀랜타시 외곽 지역에서 활발히 진행되고 있다.

데이터 센터 개발은 고용 창출과 지역 인프라 개선에 기여하며, 지역 경제를 활성화 시킨다. 데이터 센터가 위치한 지역은 부동산 가치가 상승하며, 주변 상업 및 주거 지역 개발이 촉진된다. 그러나 높은 전력 소모와 냉각 시스템 운영에서 오는 환경 문제가 대두되고 있어 지속 가능한 에너지 해결책이 절실히 필요할 것이다.

트럼프 2.0 시대의 규제 완화와 기술 혁신은 데이터 센터의 지속적인 성장을 이끌 것으로 보인다. 특히, 일론 머스크와 같은 기술 혁신 리더들이 주도하는 프로젝트는 데이터 센터의 수요를 더욱 자극할 것으로 예상된다. 투자자들은 주요 입지, 인프라 조건, 세제 혜택 등을 고려하여 데이터 센터에 전략적으로 투자하여 안정적이고 장기적인 수익을 기대할 수 있을 것이다.

🇺🇸 모듈러 조립식 제조 주택

트럼프 2.0 시대는 감세, 규제 완화, 제조업 부흥, 기술 혁신과 경제 성장을 촉진하려는 방향을 확고히 실행할 것으로 보인다. 이러한 환경에서 '박스어블BOXABL' 같은 모듈러 조립식 제조 주택은 저소득층 주택 문제를 해결할 수 있는 중요한 대안으로 주목받고 있다. 트럼프 대통령의 정책과 박스어블과 같은 기업의 기술 혁신이 결합된다면 미국의 저소득층을 위한 주택 부족 문제 해결과 경제 활성화를 동시에 이끌어 낼 가능성이 크다.

    모듈러 조립식 제조 주택은 공장에서 제조된 주택을 현장에서 신속히 조립할 수 있는 방식으로, 주택 공급 속도가 빠르다. 이에 트럼프 새 행정부의 연방 토지를 활용한 주택 공급 확대와 같은 정책이 추진된다면 모듈러 조립식 제조 주택은 대규모 개발 프로젝트로 활용될 수 있을 것이다.

    트럼프 2기 행정부는 연방 토지를 활용해 모듈러 조립식 제조 주택을 지원할 가능성이 크고, 이미 앞에서 언급한 트럼프 대통령의 공약 중 하나인 '저소득층 주택 세금 공제'와 같은 제도와도 효과적으로 연계될 수 있다. 또한 트럼프 새 행정부의 규제 완화 정책은 모듈러 조립식 제조 주택의 확산을 가로막는 건축 허가 및 조닝Zoning* 규제를 완화할 것으로 예상된다. 또 제조업

---

*   특정 지역의 토지 사용을 규제하고 건물의 용도, 크기, 높이 등을 지정하여 도시 개발과 지역 계획을 체계적으로 관리하는 제도.

부흥 정책은 모듈러 조립식 제조 주택 생산 기업이 더 많은 투자와 기술 혁신을 통해 생산 단가를 낮추고 저렴한 가격으로 시장에 공급할 기회를 제공할 것으로 보인다.

그러나 전기, 수도, 하수도와 같은 시설이 부족한 지역에서는 설치와 유지 관리 비용이 추가적으로 발생할 수 있을 것이다.

이렇듯, 트럼프 2기 행정부의 지원과 규제 완화를 통해 모듈러 조립식 제조 주택은 대규모 저소득층을 위한 주택 개발에서 활용될 가능성이 크며, 지역 경제 활성화와 주거 불균형 해소에도 기여할 수 있을 것이다. 다만, 규제와 인프라 문제를 해결하고, 품질과 내구성을 보장하는 노력이 병행되어야 할 것이다.

트럼프 2.0 시대의 미국 부동산 시장은 경제 성장, 규제 완화, 기술 혁신이라는 세 가지 정책을 중심으로 큰 변화를 맞이할 것으로 보인다. 이러한 변화는 미국 부동산 시장 전반에 걸쳐 새로운 기회가 될 수도 있다. 이에 미국 부동산 투자자들은 전략적인 투자 전략이 그 어느 때보다 중요해질 것이다. 미국 지역별 특성과 정책 변화에 주목하고, 뜨고 있는 미국 부동산 유형에 집중하고, 각 유형별 시장 동향과 정부 정책의 방향성을 분석해 장기적인 관점에서 투자 전략을 수립해야 할 것이다.

U.S. REAL ESTATE TREND 2025

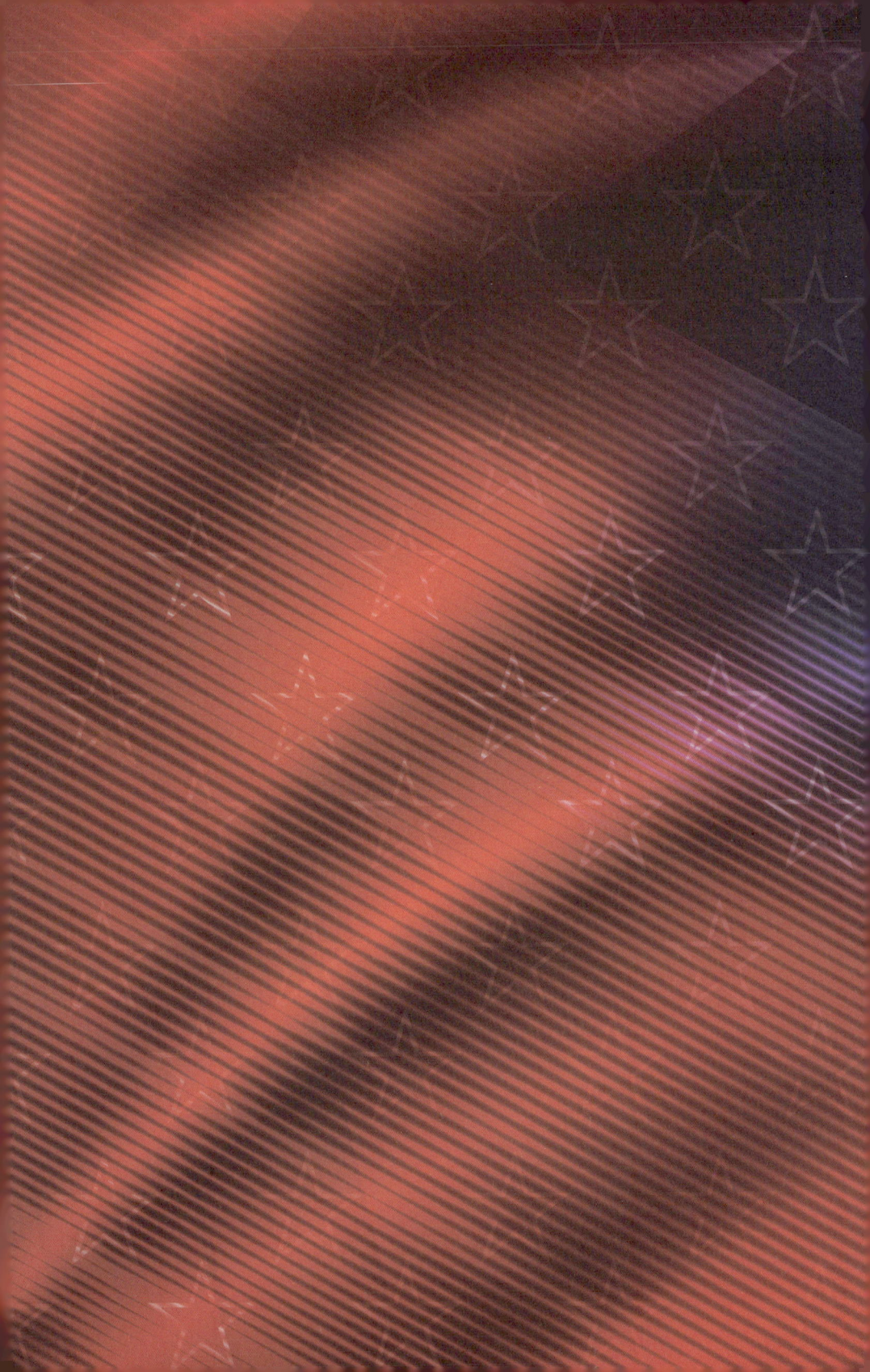

제 4 장

2025년 주목해야 할 미국 부동산 지역별 시장 분석

어디에 투자해야 하는가?
가장 유망한 지역별 시장 전망

U.S. REAL ESTATE TREND 2025

INTRO

2025년, 미국 부동산 시장은 투자자들에게 새로운 변화와 기회를 동시에 제공한다. 경제 성장과 기술 혁신, 그리고 인구 이동과 같은 다양한 요인들이 미국 특정 지역의 부동산 시장에 영향을 미치며 투자 전략을 변화시키고 있다. 그리고 원격근무의 확산, 라이프스타일 변화로 기존의 투자 전략이 빠르게 바뀌고 있다.

4장에서는 미국 부동산 시장을 시장 유형별로 분류하고 2025년 미국 부동산 시장에서 주목해야 하는 투자 지역을 분석해 보기로 한다.

미국 부동산 시장의 유형은 크게 다음과 같이 네 가지 유형으로 분류할 수 있다. 경제적 성장과 인구 유입으로 부상하는 '마그넷 시장Magnets Market', 안정성과 장기적인 자산 가치를 제공하는 '확립된 시장Established Market', 특정 수요를 충족하는 '니치 시장Niche Market', 그리고 지속 가능한 경제 활동을 기반으로 안정적 시장을 형성하는 '백본 시장Backbone Market'이다.

4장에서는 미국 부동산 시장의 네 가지 시장 유형에 대해 살펴보고 2025년 투자자들이 어느 시장에 주목해야 할지 방향성을 제시하고자 한다.

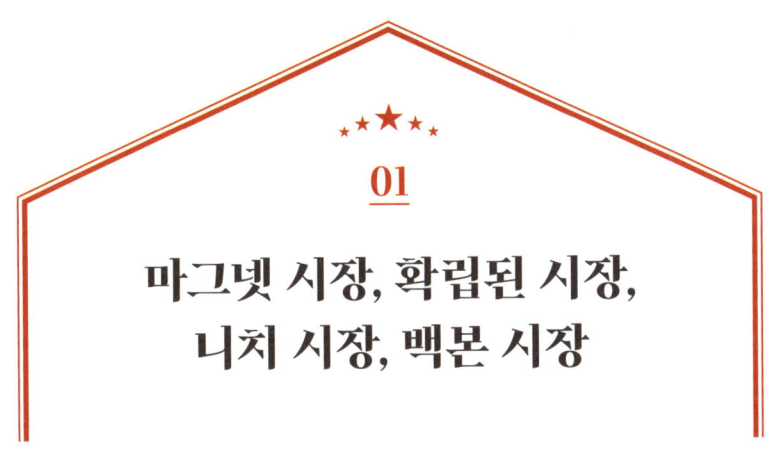

01
마그넷 시장, 확립된 시장, 니치 시장, 백본 시장

미국 부동산 투자 지역을 선정할 때, 투자할 지역 시장의 유형과 특징을 아는 것이 투자자에게 매우 중요하다. 따라서 투자자는 미국 부동산이 어떤 기준으로 분류되는지 이해하고, 자신에게 맞는 투자 시장을 선택하는 방법을 알 필요가 있을 것이다. 특히, 마그넷 시장, 확립된 시장, 니치 시장, 백본 시장에 대해 이해하는 것은 투자자가 투자 지역을 선정할 때 의사 결정을 내리는 데 큰 도움이 될 수 있다. 이들 시장은 인구 규모, 인구 통계, 경제 개발 수준에 따라 구분되며, 각각 고유한 특징을 가진다.

1. 마그넷 시장

마그넷 시장은 빠른 경제 성장, 인구 유입, 그리고 부동산 수요 증가로 사람과 기업을 강하게 끌어모으는 시장을 의미한다. 이러한 시장은 '자석처럼 끌어당기는 시장'으로 불리며, 주로 젊은 인구가 유입되며 기술 혁신, 일자리 창출, 그리고 인프라 개선이 활발하게 일어난다.

다른 지역에서 이주해 오는 사람들이 많아 자연적인 인구 증가보다 국내, 국외 순 이주로 인한 유입 인구가 더 중요하게 작용하며, 생활비가 저렴하고 일자리의 기회가 많아 삶의 질을 높일 수 있는 지역이다. 기술, 스타트업, 제조업, 의료 등 다양한 산업이 발전하고 고용 시장이 확대되며 대기업 본사들이 유입되면서 경제 성장을 가속화한다.

확립된 시장보다 상대적으로 부동산 가격이 저렴하여 투자 진입 장벽이 낮다. 반면, 시장이 성장하면서 부동산 가치가 빠르게 상승한다. 빠르게 성장하는 시장이기 때문에 투자 기회가 많지만, 과열된 시장에서는 리스크가 발생할 수도 있다. 주로 교육 환경이 좋고 교통이 편리하며 문화생활을 누릴 수 있는 기회가 증가하면서 인구 유입이 지속되는 경향이 있다. 따라서, 마그넷 시장은 빠르게 성장하는 경제와 인구 증가를 기반으로, 투자하기 좋은 지역들이 많다. 애틀랜타, 댈러스, 휴스턴, 탬파, 피닉스 등이 마그넷 시장을 대표하는 지역으로 주목받고 있다.

마그넷 시장은 다시 다음과 같이 세 가지로 분류된다.

🇺🇸 슈퍼 선벨트 시장(Super Sunbelt Market)

미국 남부와 서부 지역에 위치한 대규모 도시로, 지속적인 인구 증가, 경제 성장, 투자 기회를 특징으로 하는 시장을 의미한다. 주로 온화한 기후와 낮은 세율, 친기업적 정책으로 높은 인구 유입과 경제적 활력을 보이는 지역들이다. 국내·국외 이주자가 많아 인구가 꾸준히 증가하며 주로 젊은 노동 인구와 은퇴자들이 유입된다. 기술, 물류, 의료, 제조 등 다양한 산업에서 성장하는 지역으로, 주택 수요가 증가하여 활발한 부동산 투자 환경을 조성하며 상대적으로 낮은 세금과 생활비로 기업과 개인을 끌어당긴다. 애틀랜타, 댈러스, 피닉스, 탬파 등이 이 시장을 대표한다.

🇺🇸 18시간 도시(18 Hours Market)

뉴욕이나 라스베이거스 같은 24시간 도시*보다 작고, 빠르게 성장하는 신흥 도시를 지칭한다. 낮과 저녁 시간에는 경제·사회 활동이 활발하지만, 심야 시간에는 비교적 조용해지는 도시들이

---

* 낮과 밤의 구분 없이 활발한 경제, 사회, 문화적 활동이 지속되는 도시를 말하며, 주로 글로벌 경제 중심지나 관광과 엔터테인먼트가 발달한 대도시.

다. 상대적으로 적은 인구이지만 빠르게 확장 중이며 새로운 기술, 금융, 물류 등의 기업의 유입되는 지역이다. 낮은 비용으로 이민자와 젊은 세대들을 끌어당기며, 주택 비용과 상업용 부동산 임대료가 저렴해 소자본으로 투자하려는 투자자에게 좋은 시장이다. 내슈빌, 샬럿, 솔트레이크시티 등이 이 시장을 대표한다.

🇺🇸 슈퍼노바 시장(Supernova Market)

일시적으로 뜨는 시장으로, 최근 몇 년 사이에 급격한 경제 성장과 인구 증가를 경험하며 투자자들에게 주목받는 시장을 의미한다. 이러한 시장은 일시적으로 폭발적인 성장을 보이지만, 과도한 성장으로 불확실성과 위험도 동반한다. 주로 스타트업과 기술 산업 중심으로 급격하게 성장하고 이에 따라 대규모 인구 유입으로 주택 수요가 급증하여 주택과 상업용 부동산의 가격이 상승한다. 투자 초기에는 큰 수익을 얻을 수 있으나 성장 속도가 너무 빨라 과열 가능성이 있어 지역 부동산 시장의 안정성이 부족할 수 있다. 오스틴, 롤리 등이 이 시장을 대표한다.

2. 확립된 시장

확립된 시장은 게이트웨이 시장이라고도 한다. 장기간 안정적인 성장을 보여온 시장으로, 경제적, 사회적, 부동산적 인프라가 잘 구축된 지역을 뜻한다. 이 시장은 부동산 가치가 이미 높은 수준에서 안정적으로 유지되며, 투자자들에게 안정성과 예측 가능한 수익을 제공한다. 확립된 시장은 보수적 투자자나 장기적인 자산 가치 보존을 목표로 하는 투자자들에게 적합한 시장이다.

시장이 이미 성숙 단계에 있기 때문에 부동산 가격이 급격히 상승하거나 하락할 가능성이 적다. 따라서 장기적 자산 가치를 유지하고 싶은 투자자에게 좋은 지역이다. 주로 교육, 의료, 교통, 문화적 시설 등이 잘 갖춰져 있어 높은 삶의 질을 제공하며, 주거 수요가 안정적이고 중상류층과 고소득층이 많다. 또한, 금융, 의료, 기술 등 다양한 산업의 중심지로 경제적 안정성이 높고 대기업 본사와 다국적 기업들이 밀집해 있는 경우가 많다.

이 시장에서는 주택 및 상업용 부동산 모두에서 공실률이 낮으며, 안정적인 임대 수익을 제공한다. 부동산 가격은 일반적으로 매우 높기 때문에 초기 투자 비용이 많이 들고 높은 자본이 요구된다. 주로 부동산 가치가 꾸준히 유지되거나 천천히 상승하는 경향이 있어 단기 투자보다는 장기적 투자에 적당한 지역이다. 보스턴, 브루클린, 샌프란시스코, 로스앤젤레스, 맨해튼 등이 확립된 시장을 대표하는 지역들이다.

확립된 시장은 다시 다음과 같이 세 가지로 분류된다.

🇺🇸 다각적 산업 시장(Multi Talented Producers Market)

다양한 산업 분야에서 균형 잡힌 경제 활동과 고도로 숙련된 인력을 기반으로 경제적 성공을 거두는 시장이다. 이 시장은 산업 간 시너지와 혁신을 통해 지속적인 성장을 이끌어 낸다. 제조업, 기술, 의료, 금융 등 여러 산업에 걸쳐 경제 활동이 활발하고 특정 산업에 의존하지 않아 산업 간 상호작용으로 경제적 안정성을 제공한다. 고등 교육을 받은 노동력이 경제 성장에 기여하고 다양한 기술과 전문 지식을 가진 인재들이 집중된 시장으로, 부동산 시장이 안정적이고 상업용 부동산의 수요가 꾸준하게 유지되며 다양한 산업에 걸쳐서 투자의 기회가 있는 시장이다. 보스턴, 시카고, 덴버 등이 이 시장을 대표한다.

🇺🇸 지식과 혁신 시장(Knowledge and Innovation Centers)

대학과 연구소가 경제 중심 역할을 하며, 첨단 기술과 혁신이 주요 동력인 시장이다. 이러한 시장은 지식 기반 경제가 중심이 되어 기술 스타트업과 혁신 기업이 집중되어 있다. 인공지능, 바이오테크, 클린에너지 등의 첨단 기술 분야의 대학과 연구소가 경제와 고용의 핵심 역할을 하며 연구 개발 투자와 상업화된 기술을 기반으로 한 산업이 성장하는 시장이다. 따라서 기술과 교육 중심의 지역에서 상업용 부동산과 거주용 부동산의 수요가 함께 증가한다. 샌프란시스코, 롤리-더럼Raleigh-Durham, 피츠버그 등이 이 시장을 대표한다.

🇺🇸 대도시 근접 시장(Major Market Adjacent)

주요 대도시 인근에 위치하여 대도시의 경제적 혜택을 누리면서도 비교적 낮은 비용과 투자 접근성을 제공하는 시장이다. 주로 주요 대도시의 인프라와 경제적 네트워크에 의존하므로 주요 시장과의 근접성이 이 시장에 인구를 유입하고 경제를 활성화하는 주요 핵심이다. 대도시보다 낮은 부동산 비용과 생활비로 기업과 인구를 끌어당기고 대도시의 확장과 함께 성장한다. 주택과 상업용 부동산 시장에서 상대적으로 높은 수익률을 올릴 수 있는 시장이다. 저지시티Jersey City, 오클랜드Oakland, 포트워스Fort Worth 등이 이 시장을 대표한다.

3. 니치 시장

니치 시장은 특정한 요구나 관심을 충족시키는 틈새시장을 의미한다. 부동산 시장에서 니치 시장은 은퇴자, 관광객, 고소득층과 같은 특정 고객층이나 단기 임대, 고급 주택, 리조트형 주택과 같은 특정 수요에 초점을 맞춘 지역으로 정의된다. 이 시장은 확립된 시장보다 규모는 작지만 투자자들에게 높은 수익률과 차별화된 투자 기회가 있는 지역이다.

니치 시장은 주로 은퇴자, 관광객, 젊은 스타트업 창업자, 고소득층 등 특정 인구의 필요로 개발된 시장이다. 따라서 수요가 특정 인구층에 집중되기 때문에 가격 경쟁이 상대적으로 낮아 투자자에게 더 높은 임대료나 임대 수익률을 제공한다. 마그넷 시장이나 확립된 시장과는 달리 해안 지역, 역사적 명소, 관광지와 같은 특정 환경에 따라 시장이 형성된다. 따라서, 독특한 위치와 라이프스타일을 중심으로 수요를 끌어당기기 때문에 수요가 한정적이므로 시장 규모는 작다. 높은 임대 수익률을 기대할 수 있지만 수요가 특정 요인에 의존적이라 거기에 따른 리스크가 동반된다. 주로 에어비앤비Airbnb와 같은 단기 임대 플랫폼을 통해 관광지와 인기 도심 지역에 있는 단기 임대 지역이 이 시장에 속한다. 마이애미, 라스베이거스, 샌안토니오, 롤리, 찰스턴 등이 니치 시장을 대표하는 지역들이다.
　니치 시장은 다시 다음과 같이 세 가지로 분류된다.

🇺🇸 부티크 시장(Boutique Market)

상대적으로 규모는 작지만 독특한 문화, 고급 주택, 창의적인 산업 또는 특정한 지역적 특징을 기반으로 성장하는 시장이다. 대규모 시장은 아니지만 독특한 특징으로 주목받는 소규모 도시나 특정 지역으로, 예술, 문화, 엔터테인먼트, 고급 주택 등 특정 산업 중심으로 경제가 활성화되는 시장이다. 고급 부동산 개발 및 창의적인 소규모 상업 위주의 부동산 투자가 성행되며 부동산 시장은 제한적이지만 높은 수익을 올릴 수 있는 시장이다. 샬러츠빌Charlottesville, 애스펀Aspen, 산타페Santa Fe 등이 이 시장을 대표한다.

🇺🇸 에즈 앤드 메즈 시장(Eds and Meds Market)

교육과 의료를 중심으로 경제가 성장하고 안정적인 고용을 제공하는 시장이다. 대학과 병원 시설이 도시 경제의 주요 기반을 이루어 주요 대학과 의료 기관이 도시 경제의 중심이 되며, 학생, 교직원, 의료진 등이 주요 거주인으로 구성된 안정적인 거주 시장이다. 장기적 안정성을 가진 시장으로, 경기 침체에도 비교적 영향이 적으며 임대 부동산 수요가 꾸준하고 병원이나 대학 근처의 상업용 부동산이 활성화되는 시장이다. 주로 캠퍼스 확장과 병원 건설이 부동산 개발 기회를 제공한다. 버밍햄Birmingham, 피츠버그Pittsburgh, 등이 이 시장을 대표한다.

🇺🇸 방문자 및 컨벤션 시장(Visitors and Convention Center Market)

방문자 및 컨벤션 산업을 중심으로 경제가 성장하는 시장이다. 주요 관광지나 대규모 이벤트를 개최할 수 있는 컨벤션 센터가 도시 경제를 주도한다. 관광 산업, 호텔, 레스토랑, 컨벤션 센터와 같은 서비스 산업이 중심이 되며 계절적이거나 이벤트 중심으로 고용 및 경제 활동이 활발하고, 호텔 및 단기 임대 부동산 수요가 높아 컨벤션 센터와 인접한 지역에는 상업 부동산 투자가 활발하다. 경제 활동이 특정 계절이나 이벤트에 크게 의존하는 성향이 있어 방문자나 관광객이 감소할 경우 경제적 타격이 있을 수 있는 시장이다. 올랜도, 라스베이거스, 내슈빌 등이 이 시장을 대표한다.

4. 백본 시장

백본 시장은 경제적으로 안정적이고 다양한 산업 기반을 갖추고 있어 장기적인 투자 안정성을 제공하는 시장이다. 특정 산업에만 의존하지 않고, 여러 분야에서 균형을 이룬 경제 구조를 가진 지역으로 급격한 성장이나 변동성이 크지 않고 지속 가능한 경제 활동을 기반으로 안정적인 시장을 형성한다. 경제 위기에도 상대적으로 강한 회복력을 보이며 기술 및 에너지와 같은 특정 산업에 지나치게 의존하지 않고, 제조업, 금융, 의료, 교육 등 다양한 산업이 조화를 이루어 외부 요인의 충격을 완화할 수 있는 지역이다. 최고 고수익 시장만큼의 높은 수익률보다는 예측 가능하고 안전하며 꾸준한 수익을 기대하는 투자자들이 선호하는 시장이다. 인구 증가율은 극단적으로 높지 않지만, 꾸준한 인구 유입과 인프라 발전이 동반되어 장기적인 도시 계획과 정부의 지원이 투자 안정성에 기여한다. 보이시, 피츠버그, 디트로이트 등이 이 시장을 대표한다.

백본 시장은 다시 다음과 같이 세 가지로 분류된다.

🇺🇸 서부의 저렴한 시장(The Affordable West Market)

주로 미국 서부에 위치한, 비교적 저렴한 생활비와 부동산 가격을 가진 지역 시장으로 빠르게 성장하고 있는 인구와 경제를 바탕으로 투자자들에게 높은 투자 수익성을 제공하는 경향이 있다. 기술 및 제조업 기반이 점차 확대되어 강한 경제 성장이 기대되는 지역으로 인구 유입이 활발하여 주택 및 상업용 부동산 수요가 증가하는 시장이다. 솔트레이크시티, 보이시 등이 이 지역을 대표한다.

🇺🇸 경쟁력을 갖춘 시장(Determined Competitors Market)

산업 구조의 다양성과 꾸준한 경제 성장을 통해 경쟁력을 유지하고 있는 지역 시장으로 주로 중소도시들로 구성된다. 전통적인 제조업과 새롭게 떠오르는 산업이 공존하며 지역 시장 경제를 뒷받침한다. 제조업, 물류, 헬스케어 등 다양한 산업을 기반으로 지역 경제의 근간이 되는 안정적인 고용 시장을 유지하고 산업 성장에 따라 상업 및 주거용 부동산의 수요가 꾸준한 시장이다. 캔자스시티, 인디애나폴리스 등이 이 시장을 대표한다.

🇺🇸 재창조 시장(Reinventing Market)

경제적으로 쇠퇴했던 지역이 새로운 산업과 인프라 투자를 통해 재창조되고 있는 지역 시장이다. 재개발 및 경제 전환 과정을 통해 새로운 투자 기회를 창출하고 있는 지역 시장으로 첨단 기술, 바이오, 재생에너지 등의 신산업을 유치하여 과거의 낙후된 산업 지역이 재개발 및 현대화 과정을 통해 변모하고 있는 지역이다. 부동산 가격이 상대적으로 저렴해 투자 진입 장벽이 낮다. 피츠버그, 디트로이트 등이 이 시장을 대표한다.

이와 같이 미국 부동산 시장의 유형과 특징을 비교, 분석하고 그 시장을 대표하는 미국의 주요 도시들을 정리해 보았다. 그럼, 다음은 2025년 주목해야 하는 미국 부동산 지역별 변화에 대해 알아보자.

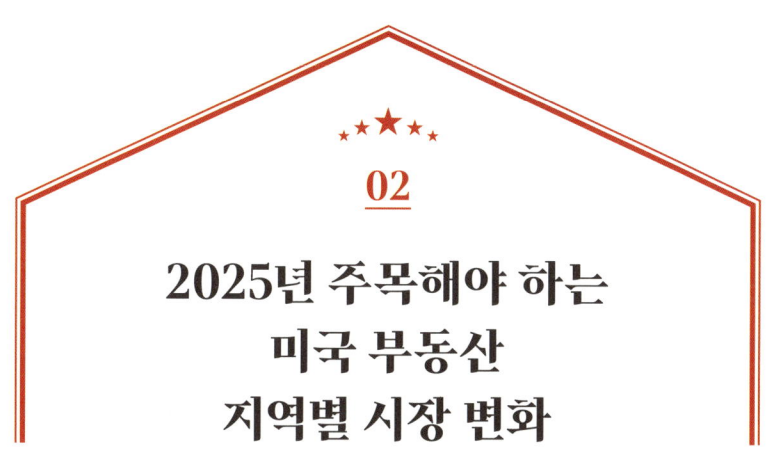

2025년 주목해야 하는 미국 부동산 지역별 시장 변화

최근, 어번 랜드 인스티튜트 ULI :Urban Land Institute*에서 2025년 주목해야 하는 미국 부동산 시장에 대한 평가 보고서를 발표했는데 2025년 미국 부동산 시장은 2024년에 비해 더욱 역동적으로 변화할 것으로 전망했다.

이 보고서에 따르면, 투자자가 미국 부동산 투자를 위해 선택하는 시장을 두 가지로 요약했다. 첫 번째는 인구 증가, 일자리

---

* 부동산 개발, 도시 계획, 지속 가능한 설계 등을 연구하고 교육하며 전 세계 부동산 및 도시 환경 개선을 목표로 하는 비영리 연구 기관.

성장, 그리고 기업 형성이 강한 도시를 선호하며, 주로 혁신 허브와 선벨트 지역에 주목한다는 것이다. 두 번째는 진입 장벽이 높은 확립된 시장을 선호하며, 이전의 '성장 위주 시장Momentum-driven markets'에서 벗어나려는 움직임이 보인다는 것이다.

'성장 위주 시장'은 미국 부동산 시장에서 '모멘텀에 의해 움직이는 시장'을 의미하는데, 이는 최근의 성장 추세와 특정 요인에 의해 부동산 시장이 주도되는 시장을 의미한다. 이러한 시장은 단기적으로 높은 수익 가능성을 제공하지만 장기적인 안정성과 지속 가능성에 대한 리스크를 동반한다. 오스틴, 샬럿 등이 이 시장을 대표하는 지역이다.

2024년에는 대부분의 시장 평가 점수가 하락했으나, 올해는 조사 대상 80개 도시 중 절반이 점수가 올랐고 나머지 절반은 하락했다. 2024년에는 도시별 평균 순위 변화가 3위였으나, 2025년은 평균적으로 12위가 오르거나 내렸고 20%의 도시가 순위에서 큰 변화를 기록했다. 그리고 2023년에는 상위 20개 시장 중 단 1개만 2024년 목록에서 제외되었지만, 2024년의 상위 20개 시장 중 7개 도시가 2025년 목록에서 제외되었다. 이에 따라 2025년 미국 부동산 시장의 변동성이 2024년보다 더 크다는 것을 짐작할 수 있고 미국 부동산 시장 조건이 변화함에 따라 투자 전문인들이 새로운 관점으로 시장을 평가하고 있음을 보여준다.

2025년 주목해야 하는 미국 부동산 상위 20개 시장

■ 평균보다 1 표준편차 이상 높은 경우   ■ 평균 ± 1 표준편차 범위   ■ 평균보다 1 표준편차 이상 낮은 경우

순위	
1	댈러스/포트워스(Dallas/Ft. Worth)
2	마이애미(Miami)
3	휴스턴(Houston)
4	탬파/세인트피터즈버그(Tampa/St. Petersburg)
5	내슈빌(Nashville)
6	올랜도(Orlando)
7	애틀랜타(Atlanta)
8	보스턴(Boston)
9	솔트레이크시티(Salt Lake City)
10	피닉스(Phoenix)
11	맨해튼(Manhattan)
12	롤리/더럼(Raleigh/Durham)
13	샌안토니오(San Antonio)
14	브루클린(Brooklyn)
15	오스틴(Austin)
16	포트 로더데일(Fort Lauderdale)
17	디트로이트(Detroit)
18	샬럿(Charlotte)
19	저지시티(Jersey City)
20	롱아일랜드(Long Island)

출처: 부동산 신흥 트렌드 2025 설문 조사

위의 도표를 보면, 2025년에도 상위 평가를 받은 시장은 주로 '슈퍼 선벨트' 도시들이다. 댈러스, 마이애미, 휴스턴, 탬파, 내슈빌, 올랜도, 애틀랜타, 보스턴, 솔트레이크시티, 피닉스 등이

상위 10개 시장이다. 이 중에서 보스턴, 솔트레이크시티를 제외하고 나머지 8개 도시 모두가 선벨트 도시들이다. 상위 10개 시장의 평균 인구는 2024년보다 10% 증가했는데 이는 여전히 많은 사람들이 이러한 도시들을 선호하고 있음을 보여준다.

아래는 2025년 주목할 만한 투자 지역으로 상위 평가를 받은 10개 도시의 시장 유형과 특징을 정리한 도표이다.

2025년 주목할 만한 할 상위 10대 도시들의 시장 유형 및 특징

도시	시장 유형	특징
댈러스 (Dallas)	마그넷 시장, 슈퍼 선벨트 시장	기술, 물류, 금융 중심, 높은 인구 유입과 경제 성장
마이애미 (Miami)	마그넷 시장, 니치 시장	국제 금융과 관광 중심지, 고급 주택 및 단기 임대 수요
휴스턴 (Houston)	마그넷 시장, 슈퍼 선벨트 시장	에너지 산업 중심, 다양한 경제 기반과 지속적인 인구 증가
탬파 (Tampa)	마그넷 시장, 슈퍼 선벨트 시장	경제 성장과 인구 증가, 낮은 세율과 생활비로 투자 매력도 높음
내슈빌 (Nashville)	마그넷 시장, 18시간 도시	음악과 엔터테인먼트 중심, 빠르게 성장하는 경제와 주택 수요
올랜도 (Orlando)	마그넷 시장, 방문자 및 컨벤션 시장	세계적인 관광지, 컨벤션 산업 중심으로 단기 임대 및 상업용 부동산 수요
애틀랜타 (Atlanta)	마그넷 시장, 슈퍼 선벨트 시장	물류와 기술 중심, 다양한 산업 기반과 인구 유입 지속
보스턴 (Boston)	확립된 시장, 지식과 혁신 시장	첨단 기술, 의료, 교육 중심, 안정적이고 고소득층 중심의 부동산 시장
솔트레이크시티 (Salt Lake City)	마그넷 시장, 18시간 도시	기술과 물류 중심, 경제와 인구가 빠르게 성장하는 신흥 시장
피닉스 (Phoenix)	마그넷 시장, 슈퍼 선벨트 시장	젊은 인구와 은퇴자 유입, 지속적인 인구 증가와 주택 수요

출처: Turnkey Global Realty

이 도시들은 대부분 마그넷 시장에 속하며, 슈퍼 선벨트 시장, 18시간 도시, 니치 시장, 확립된 시장 등으로 세부 분류된다.

- **마그넷 시장:** 댈러스, 마이애미, 휴스턴, 탬파, 내슈빌, 올랜도 애틀랜타, 솔트레이크시티, 피닉스
- **슈퍼 선벨트 시장:** 댈러스, 휴스턴, 탬파, 애틀랜타, 피닉스
- **18시간 도시 시장:** 내슈빌, 솔트레이크시티
- **니치 시장:** 마이애미
- **확립된 시장:** 보스턴

눈에 띄는 변화는 스노우벨트 Snow Belt* 시장이 2025년에 다시 부상한다는 것이다. 2023년과 2024년에는 상위 20개 시장 중 단 2개만 스노우벨트 지역이었으나, 2025년에는 6개로 증가했다. 뉴욕 메트로폴리탄 지역인 맨해튼, 브루클린, 롱아일랜드 등이 가장 큰 상승을 기록했다.

이 도시들은 확립된 시장에 속하며, 지식과 혁신 시장, 니치 시장, 대도시 근접 시장 등으로 세부 분류된다. 맨해튼은 금융과

---

* 미국 북부와 북동부의 추운 겨울 기후를 가진 지역들로, 제조업 중심의 전통적 산업 도시들이 포함된 부동산 및 경제 시장을 의미.

상업의 중심지로 고급 부동산 중심의 지식과 혁신 시장이고, 브루클린은 창의적 산업과 젊은 세대 중심으로 지속적으로 인구가 증가하는 니치 시장이며, 롱아일랜드는 뉴욕 경제권 인근 주거 중심 지역으로 대도시 근접 시장이자 고급 단독 주택 및 리조트형 주택 시장 중심의 안정적 주택 수요가 있는 니치 시장이다.

2025년 재부상하는 뉴욕 메트로폴리탄 지역의 3대 도시

도시	시장 유형	특징
맨해튼 (Manhattan)	지식과 혁신 시장	금융과 상업의 중심지, 고급 부동산 중심의 시장
브루클린 (Brooklyn)	니치 시장	창의적 산업, 젊은 세대 중심, 지속적인 인구 증가
롱아일랜드 (Long ISland)	대도시 근접 시장, 니치 시장	뉴욕 경제권 인근 주거 중심, 고급 단독 주택 및 리조트형 주택 시장

출처: Turnkey Global Realty

또한, 플로리다 시장도 강세를 보였다. 플로리다 10개 시장 중 7개가 순위에서 두 자릿수 상승을 기록했다. 마이애미, 탬파, 올랜도 등이 2024년에 비해 큰 상승을 보였다. 그러나 일부 시장은 순위가 하락했다.

반면, 샌프란시스코, 샌디에이고, 포틀랜드 등이 있는 서부 해안의 대도시 시장은 높은 주택 가격으로 투자 접근성이 낮아 국내 순 이주가 감소하여 순위가 크게 하락했다.

이 보고서를 기준으로, 2025년 선벨트 시장은 여전히 상위권을 유지하고, 스노우벨트 시장은 다시 부상하며 니치 시장은 여전히 강세를 유지할 전망이다.

2025년은 2024년에 비해 더욱 역동적인 시장의 변화를 예상할 수 있으며 시장의 순위를 결정하는 가장 중요한 핵심은 혁신과 지속 가능한 성장이라고 볼 수 있다.

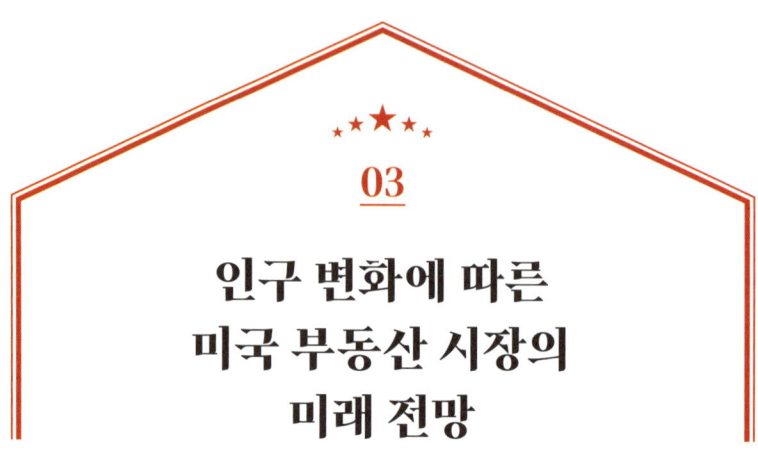

03
인구 변화에 따른 미국 부동산 시장의 미래 전망

2025년, 미국 부동산 투자 지역을 선정할 때 가장 중요한 요소 중 하나는 인구 이동과 변화다. 인구 변화와 인구통계학적 전망은 미국 부동산 시장의 장기적인 방향과 지속 가능한 성장 지역을 예측하고, 미국 부동산 시장의 장기적인 방향성을 이해하는 데 중요할 것이다.

버지니아 대학교에서 2020년 10년 주기 인구 조사 데이터를 기준으로, 2030년, 2040년, 2050년까지의 미국 인구 증가, 지역별 인구 이동 및 인구 고령화에 대해 분석했다. 이 분석 자료에 의하면, 미국 전체 인구는 2020년 3억 3,100만 명에서 2030년에는 3억 4,900만 명, 2050년에는 3억 7,100만 명으로 증가할 것으로 전망한다. 반면, 미국의 인구 증가율은 낮은 출생률, 고령화, 이민 감소로 인해 점차 둔화하는 모습이다.

이 자료에 따르면, 향후 수십 년 동안 남부와 서부는 계속해서 인구가 증가할 것으로 보이며, 두 지역 모두 2030년까지 6~8% 증가할 것으로 예상된다. 반면, 북동부는 2040년 이후 소폭 감소할 것으로 예상되며, 중서부는 2030~2040년 사이에 인구가 감소할 것으로 보인다.

아래의 그래프를 보면, 미국 지역별 인구 비율은 북동부와 중서부가 지속적으로 감소하는 반면 남부와 서부는 꾸준히 증가하고 있음을 보여준다.

미국 지역별 인구 변화

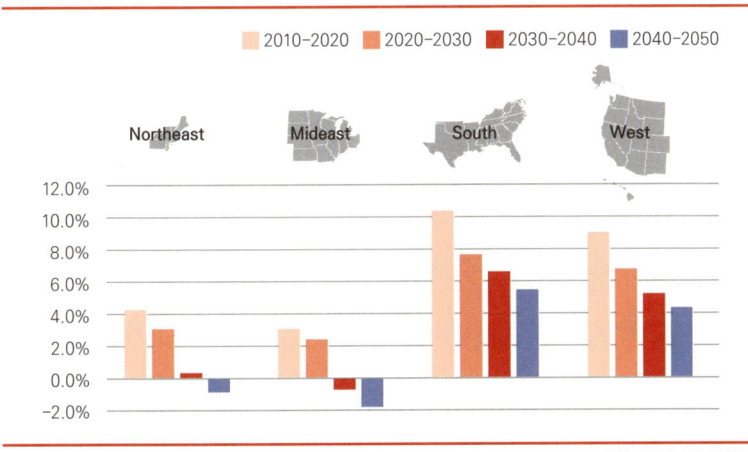

출처: 버지니아 대학교

미국 지역별 인구 비율

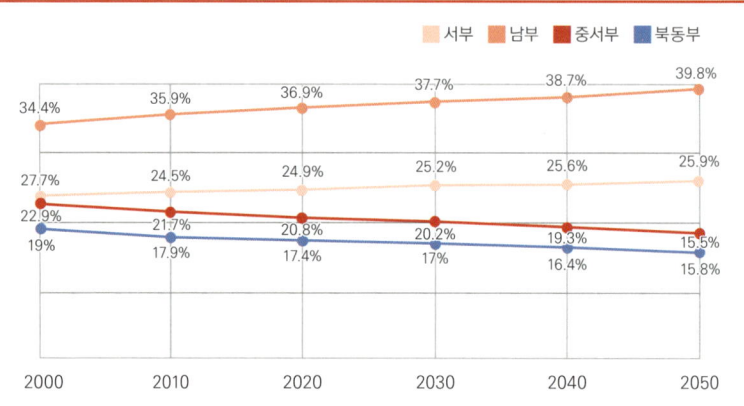

출처: 버지니아 대학교

미국 각 주의 10년 단위 인구 증가율을 미국 전체 평균 인구 증가율과 비교해 보면, 29개 주는 2050년까지 미국 평균 인구 증가율보다 낮은 성장세를 보일 것으로 예상되지만, 18개 주는 평균보다 빠른 성장률을 기록할 것으로 예상된다. 미국 평균보다 인구가 빠르게 증가하는 18개 주는 조지아주, 텍사스주, 플로리다주, 유타주, 아이다호주, 애리조나주, 네바다주, 노스캐롤라이나주, 사우스캐롤라이나주, 콜로라도주, 테네시주, 오클라호마주, 알래스카주, 오레곤주, 워싱턴주, 델라웨어주, 버지니아주, 미네소타주이다.

이러한 주별 인구 증가율의 차이는 투자자들이 미국 부동산 시장에서 주목해야 할 지역을 선정하는 데 중요한 기준이 될 것이다.

미국 주 별 예상 인구 증가율(2020-2030, 2030-2040, 2040-2050)

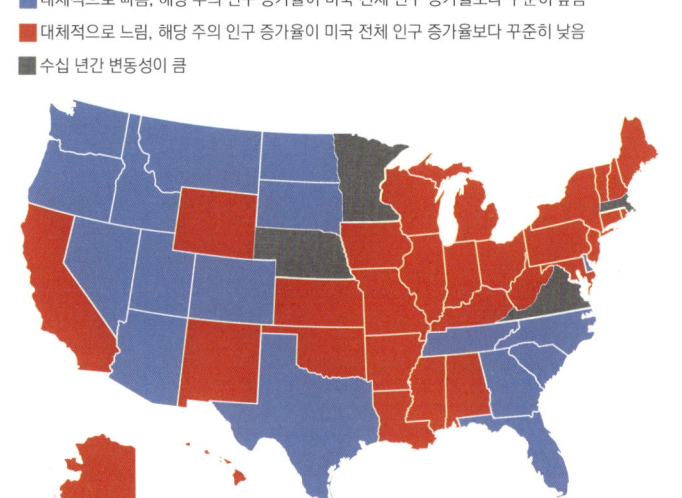

출처: 버지니아 대학교

2030년 미국에서 인구 상위로 예상되는 10개 주는 캘리포니아주, 텍사스주, 플로리다주, 뉴욕주, 펜실베이니아주, 일리노이주, 오하이오주, 조지아주, 노스캐롤라이나주, 미시간주이다. 특히 조지아주와 노스캐롤라이나주는 점차 순위가 더 상승할 것으로 예상된다.

2030년에 미국에서 인구가 많은 10개 주의 시장을 분석해 보면 주로 마그넷 시장, 백본 시장, 방문자 및 컨벤션 시장 그리고 지식과 혁신 시장 유형으로 분류된다.

2030년에 예상되는 인구가 많은 상위 10개 주

미국 주	인구 규모
캘리포니아	41,321,454
텍사스	32,463,602
플로리다	23,790,046
뉴욕	20,836,092
펜실베이니아	13,231,491
일리노이	12,798,928
오하이오	11,999,653
조지아	11,534,245
노스캐롤라이나	11,160,159
미시간	10,224,497

출처: 버지니아 대학교

조지아주, 텍사스주, 플로리다주, 노스캐롤라이나주는 마그넷 시장으로 인구가 빠르게 증가하여 다양한 산업이 성장하며 고용 시장이 커져 장기적으로 지속 가능한 성장이 기대되는 투자 시장이다.

일리노이주, 오하이오주, 미시간주는 백본 시장으로 경제적으로 안정적이고 다양한 산업 기반을 갖추고 있어 장기적인 투자 안정성을 제공하는 시장으로 장기적으로 안정적인 투자 시장이다.

플로리다주, 뉴욕주, 캘리포니아주는 방문자 및 컨벤션 시장으로 관광과 컨벤션 산업 중심으로 경제와 부동산 시장이 활성화되어 상업용 부동산 및 단기 임대 부동산이 활성화되는 투자 지역이다.

　캘리포니아주, 뉴욕주, 미시간주는 지식과 혁신 시장으로 첨단 기술과 혁신적인 연구 개발 투자와 상업화된 기술을 기반으로 한 산업이 성장하여 상업용 부동산과 거주용 부동산이 함께 상승하는 투자 지역이다.

　따라서 지속적으로 인구가 성장하는 남부와 서부에 위치한 지역들의 시장 유형은 마그넷 시장, 백본 시장, 방문자 및 컨벤션 시장, 그리고 지식과 혁신 시장으로 구분된다.

　조지아주와 텍사스주는 마그넷 시장과 확립된 시장의 성격을 동시에 가지고 있고 플로리다주는 마그넷 시장과 니치 시장의 성격을 동시에 갖추고 있으며 캘리포니아주는 확립된 시장과 니치 시장의 성격을 동시에 가지고 있는 하이브리드 지역 시장이다.

　결론적으로, 인구가 지속적으로 증가하는 지역은 두 가지 유형으로 나뉜다. 하나는 다양한 산업 기반으로 성장하며 고용 기회를 확장하고, 생활 비용이 비교적 저렴하지만 안정적인 성장을 보이는 시장이다. 다른 하나는 고물가 지역이지만 기술과 혁신 산업을 중심으로 지속적인 성장을 이루는 시장이다.

　한편, 미국 인구가 증가하고 고령화됨에 따라, 2030년에는 미국 인구의 20% 이상이 65세 이상이 될 것으로 예상되며, 2020년 기준 38.78세였던 중간 연령은 2030년 40.01세 이상으로 상승할 것으로 예상된다.

2030년에 예상되는 인구가 많은 상위 10개 주의 시장 유형 및 특징

주	시장 유형	특징
조지아주	마그넷 시장 (+확립된 시장)	인구 증가와 다양한 산업 성장, 경제적 안정성과 장기적인 투자 안정성을 제공
텍사스주	마그넷 시장 (+확립된 시장)	빠른 인구 증가와 고용 시장 확장, 안정적인 경제 구조로 장기적 투자 가능
플로리다주	마그넷 시장, 니치 시장, 방문자 및 컨벤션 시장	관광 및 컨벤션 중심의 경제 활성화, 단기 임대 및 상업용 부동산 수요 증가
노스캐롤라이나주	마그넷 시장	인구 유입과 다양한 산업 성장으로 지속 가능한 성장 가능성을 가진 투자 시장
일리노이주	백본 시장	다양한 산업 기반과 경제적 안정성을 바탕으로 장기적이고 안정적인 투자 가능
오하이오주	백본 시장	균형 잡힌 경제와 안정적인 산업 구조로 장기적인 투자 안정성을 제공
미시간주	백본 시장, 지식과 혁신 시장	제조업과 연구개발 중심의 경제 구조, 첨단 기술과 상업용 부동산 성장 가능성
뉴욕주	방문자 및 컨벤션 시장, 지식과 혁신 시장	국제 금융 및 첨단 기술 중심지, 관광과 컨벤션 산업 활성화, 상업 및 주거 부동산 수요 증가
캘리포니아주	확립된 시장, 니치 시장, 지식과 혁신 시장	첨단 기술과 혁신 중심지, 관광 및 고급 주택 시장 발달, 하이브리드 시장으로 다양한 투자 기회 제공
펜실베이니아주	백본 시장	다양한 경제 기반의 안정적인 시장, 동부 대도시권 대비 저렴한 주택 가격, 꾸준한 성장 가능

출처: Turnkey Global Realty

    2024년 10월에 발표한 미국 모기지은행협회의 '인구 고령화와 사망률에 따른 미래 주택 시장'이라는 보고서에 따르면, 고령화로 인한 주택 공급 변화는 예상보다 더디게 진행될 것이며, 앞으로 10년 동안 주택 가격에 미치는 영향은 제한적일 것으로 예상된다. 이는 베이비붐 세대가 이전 세대와 달리 집을 더 오래 보유하고 있기 때문이다. 2015년 이후, 70세 이상의 주택 소유율이 증가하면서 기존 주택이 시장에 나오는 속도가 느려지고 있다. 이 보고서는 고령화와 인구 변화가 미래 주택 시장에 영향을 미치지만, 그 영향은 미미할 것으로 전망한다.

고령의 베이비붐 세대가 많이 모이는 지역은 주로 온화한 기후, 저렴한 생활비, 그리고 은퇴자 친화적인 시설과 커뮤니티를 제공하는 지역들이다. 플로리다주와 애리조나주가 대표적이며, 텍사스주와 네바다주의 일부 도시들도 주목할 만하다. 이 지역들은 고령화에 따른 부동산 수요 증가와 은퇴 커뮤니티 개발로 투자 기회가 있는 시장으로도 평가받고 있다.

결론적으로, 미국 남부와 서부 지역은 지속적인 인구 증가와 경제 성장을 기반으로 장기적인 투자가 가능하며, 북동부와 중서부 지역은 상대적으로 둔화된 성장세를 보이지만, 안정적인 부동산 시장을 유지할 것으로 예상된다. 그리고 고령화로 인한 부동산 수요 변화와 중간 연령 상승은 특정 시장에서 새로운 기회를 창출할 가능성이 있다.

이러한 인구 변화는 주택 수요와 지역 시장 환경에 영향을 주기 때문에 투자자들은 이러한 변화를 이해하고 지속 가능한 인구 성장이 있는 시장에서 합당한 투자 전략을 세우는 것이 중요할 것이다.

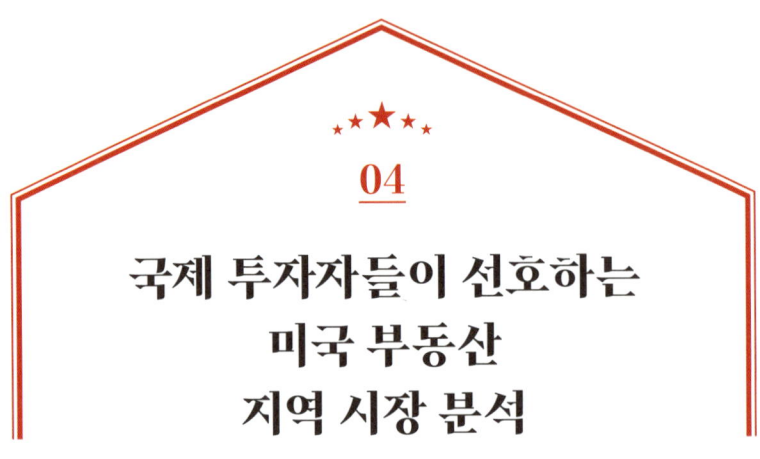

04
국제 투자자들이 선호하는 미국 부동산 지역 시장 분석

　미국의 인구 변화는 지역 시장의 자연적 인구 증가, 국내 순 이주와 국제 순 이주에 의한 인구 변화로 지속적으로 인구가 증가하는 시장이 있는 반면, 점차 인구가 증가하거나 유지하는 시장 그리고 점차 인구가 감소하는 시장이 있다. 앞서 이미 언급했듯이, 인구의 변화는 미국 부동산 시장에서 수요의 증감을 좌우하는 매우 중요한 사회적 변화다. 따라서 미국에서는 외국인부동산투자협회와 미국 부동산중개인협회에서 매년 국제 투자자들이 미국 부동산 시장에 유입되어 투자하는 거래 수와 거래액을 기록한 '국제거래보고서'를 발표한다.

2024년 미국 부동산중개인협회에서 발표한 '국제거래보고서'에 따르면, 2024년 국제 투자자들이 선호했던 미국 부동산 시장은 1위 플로리다주, 2위 텍사스주, 3위 캘리포니아주, 4위 애리조나주 그리고 5위 조지아주였다. 국제 투자자들이 플로리다주, 텍사스주, 캘리포니아주, 애리조나주, 조지아주를 선호하는 이유는 인구 증가, 경제 성장, 안정적인 부동산 수익률, 문화적, 지리적 친밀성 때문이다. 플로리다주는 관광 및 단기 임대 수익, 텍사스주는 산업 다양성과 저렴한 비용, 캘리포니아주는 글로벌 경제 허브의 안정성, 애리조나주는 은퇴자 및 캐나다 투자자 중심의 시장, 조지아주는 물류 및 기술 산업 기반으로 주목받고 있다.

1. 아시아 국제 투자 선호 지역

아시아 국가의 국제 투자자들이 가장 선호하는 지역 시장은 1위 캘리포니아주, 2위 텍사스주, 3위 뉴욕주, 4위 조지아주이다. 그럼, 아시아 국가 투자자들의 국적, 투자하는 주요 도시와 그 지역에 투자하는 이유에 대해서 알아보자.

🇺🇸 캘리포니아주

국제 투자자들의 국적은 중국, 인도, 일본, 한국 등이고 투자하는 주요 도시는 샌프란시스코, 로스앤젤레스, 샌디에이고 등이다. 이 지역에 투자하는 이유는 아시아계 이민자 커뮤니티와 네트워크가 잘 형성되었고 고급 주택 및 상업용 부동산이 지속적인 가치 상승을 한다고 보기 때문이다.

🇺🇸 텍사스주

국제 투자자들의 국적은 인도, 중국, 한국 등이고 투자하는 주요 도시는 댈러스, 휴스턴, 오스틴 등이다. 이 지역에 투자하는 이유는 기술 및 에너지 산업의 급속한 성장에 따른 임대 수요 증가, 비교적 낮은 주택 가격과 세금 혜택이 가장 큰 이유였다.

🇺🇸 뉴욕주

국제 투자자들의 국적은 중국, 인도, 한국, 일본 등이고 투자하는 주요 도시는 맨해튼, 브루클린, 롱아일랜드 등이다. 이 지역에 투자하는 이유는 세계적인 금융, 비즈니스 중심지로의 투자와 아시아계 커뮤니티의 강력한 네트워크와 문화적 친밀성 때문이다.

🇺🇸 조지아주

국제 투자자들의 국적은 중국, 한국, 일본 등이고 투자하는 주요 도시는 애틀랜타이다. 이 지역에 투자하는 주요 이유 중 하나는 애틀랜타 국제공항과 서배너 항구 등 물류 중심지로 유명해 기업 유치가 활발하다는 점이다. 또한, 국내외 순 이주로 인한 인구 유입으로 수요가 증가해 안정적인 임대 수익을 기대할 수 있다. 비교적 낮은 주택 가격 덕분에 초기 투자 진입이 용이한 것도 매력적인 요인이다.

2. 유럽 국제 투자 선호 지역

유럽의 국제 투자자들이 가장 선호하는 지역 시장은 1위 플로리다주, 2위 뉴욕주, 3위 캘리포니아주, 4위 애리조나주이다. 그럼, 유럽의 투자자들의 투자하는 주요 도시와 이 지역에 투자하는 이유에 대해서 알아보자.

🇺🇸 플로리다주

국제 투자자들의 국적은 영국, 독일, 프랑스, 이탈리아 등이고 투자하는 주요 도시는 마이애미, 올랜도, 탬파 등이다. 이 지역에 투자하는 이유는 유럽 여행객과 투자자들이 선호하는 휴양지 및 임대 시장이 활성화되어 있고 온화한 날씨와 해안가의 매력 때문이다.

🇺🇸 뉴욕주

국제 투자자들의 국적은 영국, 독일, 프랑스 등이고 투자하는 주요 도시는 맨해튼, 브루클린 등이다. 이 지역에 투자하는 이유는 뉴욕의 예술, 패션, 엔터테인먼트가 투자 환경을 조성하고 글로벌 금융과 비즈니스의 중심지라는 점이다. 여기 투자하는 투자자들은 안정적인 자산 가치 상승과 고급 부동산 투자를 선호하기 때문이다.

🇺🇸 캘리포니아주

국제 투자자들의 국적은 영국, 독일, 스페인 등이고 투자하는 주요 도시는 샌프란시스코, 로스앤젤레스 등이다. 이 지역에 투자하는 이유는 실리콘밸리의 기술 기업을 중심으로 고급 부동산 투자를 선호하고 온화한 기후와 문화적 다양성으로 인한 거주 목적의 주택을 선호하기 때문이다.

🇺🇸 애리조나주

국제 투자자들의 국적은 캐나다, 독일 등이고 투자하는 주요 도시는 피닉스, 스코츠데일이다. 이 지역에 투자하는 이유는 유럽 투자자들이 겨울 거주지로 선호하는 지역으로 초기 투자 비용이 낮아 접근이 용이하기 때문이다.

3. 국제 투자자 성향 분석

이처럼 아시아 투자자는 경제적 중심지와 글로벌 중심 지역을 선호하며, 안정적 자산 가치와 강력한 커뮤니티 네트워크를 중요하게 생각하여 투자 지역을 선정한다. 반면 유럽 투자자는 관광 및 휴양지와 안정적 투자 환경을 선호하며, 주로 단기 임대와 고급 부동산 투자를 중요하게 생각하여 투자 지역을 선정하는 경향이 있다. 이렇듯, 국제 투자자들의 미국 부동산 투자 선호 지역은 경제, 문화적 연계성, 기후, 부동산 가치 안정성에 기반하며, 지역별 투자 전략이 차별화된다.

다시 정리하면 국제 투자자들이 선호하는 미국 부동산 시장은 마그넷 시장, 확립된 시장, 방문자 및 컨벤션 시장, 그리고 니치 시장으로 구분된다. 안정성과 고급 부동산 투자 기회가 돋보이는 캘리포니아주와 뉴욕주는 확립된 시장으로, 빠른 성장과 기업 유입이 특징인 텍사스주, 플로리다주, 조지아주는 마그넷 시장으로 주목받는다. 한편, 애리조나주와 네바다주는 은퇴자와 단기 임대를 중심으로 한 니치 시장으로 각광받고 있다.

2025년 신규 건축이 활발한 상위 10개 시장 유형 및 전망

2024년 미국의 신규 주택 착공 건수와 건축 허가 건수는 전반적으로 감소세를 보였다. 이는 높은 모기지 금리와 경제적 불확실성 등의 요인으로 주택 건설 시장이 위축된 결과로 분석된다.

미국 인구조사국과 하버 분석 자료 Harbor Analysis*에 의하면, 2024년 11월 기준으로 미국 전국 기준 신규 주택 착공 건수는 전월 대비 1.8% 감소한 128만 9,000건이었고 건축 허가 건수는

---

* 부동산 시장의 흐름, 수요와 공급, 가격 추세 등을 종합적으로 분석하여 투자와 개발 전략을 지원하는 데이터 기반의 보고서.

전월 대비 5.2% 증가한 149만 3천 건이었다.

　2024년 11월 기준으로 남부 지역의 신규 주택 착공 건수는 전월 대비 10.2% 증가하여 72만 7천 건을 기록했고 건축 허가 건수는 6% 증가하여 80만 건으로 집계되었다. 서부 지역의 신규 주택 착공 건수는 전월 대비 11.9% 감소하여 28만 9,000건으로 집계되었고 건축 허가 건수는 2.8% 증가하여 33만 5,000건을 기록했다. 중서부 지역의 신규 주택 착공 건수는 전월 대비 28.2% 감소하여 15만 8,000건으로 나타났다. 건축 허가 건수는 전월 대비 11.2% 증가하여 21만 8,000건을 기록했다. 그리고 북동부 지역은 신규 주택 착공 건수가 전월 대비 10.6% 증가하여 11만 5,000건으로 집계되었고 건축 허가 건수는 전월 대비 1.4% 감소하여 14만 건으로 나타났다.

　도시별로 상세한 신규 주택 착공 건수와 건축 허가 건수 데이터는 제한적이지만, 일반적으로 텍사스주의 댈러스-포트워스와 오스틴, 조지아주의 애틀랜타, 애리조나주의 피닉스, 플로리다주의 올랜도 등은 인구 증가와 경제 성장으로 인해 신규 주택 개발이 활발한 지역으로 알려져 있다.

　높은 금리와 경제적 불확실성에도 불구하고, 인구 증가와 주택 수요가 지속되는 지역에서는 신규 주택 개발이 계속될 것으로 예상된다. 특히 남부와 서부 지역의 주요 도시들은 경제 성장과 인구 유입에 따른 주택 시장의 활발한 움직임이 기대된다.

2024년의 신규 주택 착공 건수와 건축 허가 건수 데이터를 기반으로 분석한 결과, 남부와 서부 지역이 2025년에도 신규 건축이 활발한 시장으로 예상된다. 그리고 이러한 시장들은 인구 증가, 경제 성장, 그리고 지역별 산업 특성으로 인해 여전히 신규 주택 시장이 활발할 것으로 보인다.

그럼, 2025년에 신규 주택 시장이 활발할 것으로 예상되는 상위 10개 시장을 전망해 본다. 이미 앞에서 언급한 2025년 주목해야 하는 미국 부동산 시장에 대한 '어번 랜드 인스티튜트 평가 보고서'와 미국 인구조사국의 자료를 기준으로 하고, 빠른 인구 유입과 경제 성장으로 신규 주택 수요가 증가하는 지역, 국내 투자자와 국제 투자자의 선호도, 지역 시장의 경제 안정성, 그리고 지속 가능한 성장 가능성을 고려하여 2025년 신규 건축이 활발한 시장 상위 10개 도시를 살펴보자.

🇺🇸 댈러스 : 마그넷 시장(+ 확립된 시장)

2024년 남부 지역에서 가장 높은 건축 허가 건수를 기록했다. 에너지, 물류, IT 중심의 산업이 꾸준히 성장하면서 주택 수요가 지속적으로 증가하며 인구 유입이 꾸준하여 다양한 계층을 위한 주택 개발이 활발한 시장이다. 2025년에 교외 지역을 중심으로 단독 주택 및 다가구 주택 건설이 증가할 것으로 예상되며 초기 투자 비용이 낮아 투자자들에게 여전히 매력적인 시장이 될 것으로 예상된다.

🇺🇸 애틀랜타 : 마그넷 시장(+ 확립된 시장)

물류 중심지로 경제와 고용 안정성이 뛰어나고 상대적으로 저렴한 주택 가격으로 신규 주택 개발이 활발한 시장이다. 2025년에 교통 인프라와 물류 허브 확장에 따라 주택 수요가 지속적으로 증가할 것으로 예상되며 교외 지역의 신규 주택 개발과 도심의 재개발이 함께 확대될 것으로 보인다.

🇺🇸 올랜도 : 방문자 및 컨벤션 시장

디즈니월드 및 주요 관광지를 중심으로 관광 산업이 성장하는 시장으로 단기 임대와 가족 중심 주택 개발이 활발한 곳이다. 2025년에 관광과 인구 증가로 주택 수요가 지속적으로 유지될 것으로 보이며 신규 주택 개발로 교외 지역 신규 주택 공급이 증가할 것으로 예상된다.

🇺🇸 피닉스 : 마그넷 시장

은퇴자와 젊은 세대의 유입 인구가 증가하고 저렴한 초기 투자 비용과 경제 성장으로 신규 주택 수요가 증가할 것으로 예상된다. 2025년에 중저가 주택 개발과 은퇴자 커뮤니티 중심의 주택 건설이 확대될 것으로 보이며 다양한 유형의 신규 주택이 활성화될 것으로 보인다.

🇺🇸 오스틴 : 슈퍼노바 시장

기술 중심의 산업 성장으로 젊은 노동 인구가 유입되어 중산층과 고소득층을 위한 신규 주택 개발이 활발한 시장이다. 고급 주택 및 커뮤니티 중심 주택 개발이 증가하고 신규 주택 공급이 기술 산업의 성장과 맞물려 확대될 것으로 예상된다.

🇺🇸 샬럿 : 18시간 도시 시장

금융 중심지로 고용 안정성과 인구가 지속적으로 유입되며 중산층 및 가족 중심의 신규 주택 수요가 증가하는 시장이다. 교외 지역을 중심으로 신규 단독 및 다세대 주택 개발이 활발하고 상업용 및 주거용 부동산 시장에서 안정적인 성장세를 유지할 것으로 예상된다.

🇺🇸 라스베가스 : 방문자 및 컨벤션 시장

관광 및 단기 임대 중심의 경제 구조를 중심으로 호텔 및 다세대 주택 개발이 활발한 시장이다. 2025년에 관광 산업 회복과 함께 단기 임대 및 주거용 주택 수요가 증가하고 신규 주택 공급이 교외 지역 중심으로 확대될 것으로 예상된다.

🇺🇸 샌디에이고 : 확립된 시장

고급 부동산과 기술 산업 중심의 주택 수요 중심으로 고소득층을 대상으로 한 신규 주택 건설 개발이 증가하는 시장이다. 2025년에 고급 주거 지역 개발 및 상업용 부동산 개발이 확대될 것으로 보이며 신규 주택 건설은 제한적이지만 고수익을 기대할 수 있을 것으로 예상된다.

🇺🇸 탬파 : 마그넷 시장

은퇴자와 젊은 세대가 유입되는 지역으로 주택 수요가 증가하고 단독 및 다세대 주택 건설이 활발한 시장이다. 2025년에 주택 가격 대비 수익률이 높아 교외 지역의 신규 주택 개발이 증가할 것으로 예상된다.

🇺🇸 시애틀 : 확립된 시장

기술 및 교육 중심 도시로 안정적 경제 구조를 중심으로 고소득층 주택 및 고급 부동산 수요가 증가하고 있는 시장이다. 신규 주택 개발은 제한적이지만, 고수익을 기대할 수 있는 고급 부동산 개발이 증가할 것으로 예상된다.

2025년에 신규 주택 시장이 활발할 것으로 예상되는 상위 10개 시장

지역	상세 내용
댈러스, TX 마그넷 시장 +확립된 시장	에너지, 물류, IT 중심의 산업 성장, 인구 유입 지속, 다양한 계층의 주택 개발, 교외 지역 중심 단독•다가구 주택 건설 증가
애틀랜타, GA 마그넷 시장+확립된 시장	물류 허브, 교통 인프라 확장, 저렴한 주택 가격, 교외 지역 주택 개발과 도심 재개발 확대
올랜도, FL 방문자 및 컨벤션 시장	관광 산업 성장, 디즈니월드 중심의 단기 임대와 가족 중심 주택 개발, 교외 지역 신규 주택 공급 증가
피닉스, AZ 마그넷 시장	은퇴자•젊은 세대 유입 증가, 중저가 주택 개발, 은퇴자 커뮤니티 중심 주택 건설 활성화
오스틴, TX 슈퍼노바 시장	기술 중심의 산업 성장, 젊은 노동 인구 유입, 중산층•고소득층 신규 주택 개발 증가, 커뮤니티 중심 주택 개발 확대
샬럿, NC 18시간 도시 시장	금융 중심지, 고용 안정성, 중산층•가족 중심 신규 주택 수요 증가, 교외 지역 단독•다세대 주택 개발 활발
라스베이거스, NV 방문자 및 컨벤션 시장	관광•단기 임대 중심 경제 구조, 호텔•다세대 주택 개발 증가, 교외 지역 신규 주택 공급 확대
샌디에이고, CA 확립된 시장	고급 부동산과 기술 산업 중심, 고소득층 대상 신규 주택 개발 증가, 제한적 신규 주택 건설, 고수익 기대 가능
탬파, FL 마그넷 시장	은퇴자•젊은 세대 유입, 주택 수요 증가, 단독•다세대 주택 개발 활발, 교외 지역 신규 주택 공급 증가
시애틀, WA 확립된 시장	기술 및 교육 중심지, 고소득층 주택 및 고급 부동산 수요 증가, 제한적 신규 주택 개발, 고급 부동산 중심의 수익성 높은 시장

출처: Turnkey Global Realty

2025년 신규 건설이 활발할 시장은 대체로 선벨트 지역에 위치한 도시들로, 마그넷 시장과 니치 시장 유형이 주를 이루고 있다. 이들 시장은 인구 유입과 경제 성장의 중심지로 주택 수요가 꾸준히 증가하고 있다. 한편, 서부 지역의 샌디에이고와 시애틀은 고소득층을 타깃으로 한 고가 주택 시장이 활발할 것으로 전망되며, 안정성과 장기적인 자산 가치 상승이 특징인 확립된 시장 유형에 속한다. 이러한 시장들은 지역별 특성과 경제적 요인을 기반으로 다양한 투자 기회를 제공할 것으로 보인다.

2025년 투자 수익성이 좋은 상위 10개 지역 시장 분석

2025년에 주목해야 하는 미국 부동산 시장과 인구 변화에 따른 미국 부동산 시장의 장기적 변화, 국제 투자자들의 선호도, 2025년에 예상되는 신규 주택 건설이 활발한 시장을 기준으로 2025년의 기대되는 미국 부동산 투자 선정 지역을 정리해 보았다. 그럼, 이제는 투자자의 관점에서 중요하게 고려 해야 할 투자 수익성을 기준으로 한 상위 10개 지역의 시장을 분석해 본다.

투자자가 투자하는 부동산의 투자 수익성을 고려할 때 주로 사용되는 투자 분석 지표는 자본환원율Cap Rate: Capitalization Rate(이하 Cap Rate)과 투자수익률ROI : Return On Investment(이하 ROI)이다.

Cap Rate는 부동산 투자 수익성을 평가하는 간단한 지표로 지역별 시장의 평균 Cap Rate를 통해 특정 자산의 시장 가치를 평가할 수 있다. 이를 통해 투자자는 투자하는 부동산의 잠재적 수익과 시장의 위험을 주로 평가한다. Cap Rate는 부동산이 창출하는 순 운영 소득Net Operating Income, NOI을 자산의 현재 시장 가치로 나눈 값으로 계산된다. ROI는 투자자가 실제로 투자 부동산에서 얻은 수익률을 나타내는 지표로, 순 운영 소득에서 부채를 뺀 값인 현금흐름을 투자자의 초기 총투자 금액으로 나눈 값으로 계산된다. 투자자는 먼저 Cap Rate를 통해 투자할 부동산의 유형과 지역 시장을 선정하고 ROI를 통해 투자 범위를 좁혀 나가는 방식으로 투자 의사 결정을 한다.

Cap Rate는 부동산의 유형, 등급과 지역 시장에 따라 달라진다. 동일한 유형의 부동산이라도 등급 또는 지역에 따라 다르며 같은 등급이라도 부동산 유형과 지역에 따라 달라진다. 또한 동일한 유형과 등급의 부동산이라도 지역에 따라 달라진다. 따라서 Cap Rate의 변화를 통해 부동산 유형별, 등급별 그리고 지역별 부동산 가치의 변화를 알 수 있는데 Cap Rate가 낮은 경우는 부동산의 가치가 상대적으로 높다는 것을 의미하고 Cap Rate가 높은 경우는 부동산의 가치가 상대적으로 낮다는 것을 의미한다. 이러한 Cap Rate를 통해 투자자들은 미국 부동산 시장을 이해할 수 있다.

Cap Rate는 투자자의 부채나 초기 투자 비용을 고려하지 않기 때문에 투자자의 실제 현금흐름이나 수익률을 반영하지 못한다. 반면 ROI는 순 운영 소득에서 부채 비용을 차감한 실제 수익을 계산하고 초기 총투자 비용을 반영하기 때문에 실제 투자자 관점의 수익성을 더 정확히 계산할 수 있어 투자자의 투자 범위를 좁힐 수 있다. ROI가 높을수록 투자 수익성이 높다는 것을 의미한다.

시장 조사 기관과 부동산 전문 리서치 보고서에서 제공되는 Cap Rate 데이터는 각 도시나 시장에서 동일한 부동산 유형의 Cap Rate를 평균값으로 설정하고 동일 유형의 부동산에 대해 국가 또는 지역별 Cap Rate 범위를 적용하는데 주로 주요 도시나 프라임 지역의 Cap Rate를 비교 기준으로 한다.

지역별, 유형별, 등급별에 따른 Cap Rate

2024년 시장 데이터를 기준으로 작성,
2024년 부동산 시장에서의 지역별 CAP Rate 범위와 최신 시장 트렌드를 반영한 자료

도시	유형	A등급	B등급	C등급
샌디에이고, CA	주거용	4.0~4.5%	4.5~5.0%	5.0~5.5%
	오피스	4.0~4.5%	4.5~5.0%	5.0~5.5%
	소매	5.0~5.5%	5.5~6.5%	6.5~7.5%
	물류 창고	5.5~6.0%	6.0~6.5%	6.5~7.5%

도시	유형	A등급	B등급	C등급
댈러스, TX	주거용	5.5~6.0%	6.0~6.5%	6.5~7.0%
	오피스	5.0~5.5%	5.5~6.0%	6.0~6.5%
	소매	5.5~6.0%	6.0~7.0%	7.0~8.0%
	물류 창고	6.0~6.5%	6.5~7.0%	7.0~8.0%

도시	유형	A등급	B등급	C등급
애틀랜타, GA	주거용	6.0~6.5%	6.5~7.0%	7.0~7.5%
	오피스	5.5~6.0%	6.0~6.5%	6.5~7.5%
	소매	6.0~6.5%	6.5~7.5%	7.5~8.5%
	물류 창고	6.5~7.0%	7.0~7.5%	7.5~8.5%

출처: Turnkey Global Realty

ROI는 부동산 유형별로 20~30%의 다운페이먼트를 기준으로 하고 대출 이자는 평가 기준 시점의 평균 이자율로 부채 비용을 계산하며, 순 운영 소득NOI은 해당 지역의 임대 수익을 기반으로 30~35%로 설정하여 ROI 평균값을 설정한다.

이러한 방법으로 설정된 표준화된 평균값을 기준으로 한 데이터를 바탕으로, 다양한 시장 유형, 인구 증가율, 국제 투자자의 선호도와 신규 주택 건설이 활발하여 지속 가능한 성장을 기대할 수 있는 시장 등을 모두 고려하여 투자 수익성이 좋은 상위 10개 도시를 예상해 본다.

🇺🇸 댈러스 : 마그넷 시장(+ 확립된 시장)

- 미국 내 주요 인구 유입 도시
- 기술, 에너지, 물류 산업 중심
- 멕시코와 아시아 국가 투자자들의 지속적인 유입
- CAP Rate: 약 6%, ROI: 8~10%로 높은 수익률 기대

🇺🇸 마이애미 : 방문자 및 컨벤션 시장

- 단기 임대 수익이 높은 관광지
- 유럽, 캐나다 및 라틴 아메리카 투자자 선호 지역
- 국제 순 이주 및 관광객 유입으로 지속적 인구 증가 예상
- CAP Rate: 약 5~6%, ROI: 8~12%로 안정적

🇺🇸 애틀랜타 : 마그넷 시장(+ 확립된 시장)

- 세계에서 가장 분주한 공항으로 유명하고 물류의 중심 허브
- 다양한 산업 기반이 확장되어 지속적인 인구 증가와 고용 창출 예상
- 국내 순 이주와 국제 순 이주의 꾸준한 증가세, 아시아 국제 투자자 증가
- 상대적으로 낮은 부동산 가격으로 저렴한 초기 투자 비용
- CAP Rate: 약 6%, ROI: 9~11%로 높은 투자 수익률 기대

🇺🇸 피닉스 : 마그넷 시장

- 은퇴자 및 젊은 세대의 유입으로 꾸준한 인구 증가 기대
- 기술 및 물류 중심의 경제 성장
- 저렴한 초기 비용과 높은 수익률
- CAP Rate: 6~6.8%, ROI: 8~10%

🇺🇸 오스틴 : 슈퍼노바 시장

- 스타트업과 IT 기업의 집중한 기술 산업 중심지
- 젊은 노동 인구 유입으로 인구 증가 가능성
- 고급 부동산 수요 증가, 지속적인 가치 상승 가능성
- CAP Rate: 약 5.5%, ROI: 8~9%

🇺🇸 탬파 : 마그넷 시장

- 관광 및 은퇴자 유입으로 안정적인 임대 수익 보장
- 저렴한 주택 비용으로 투자 접근성 우수
- 스타트업과 IT 기업에 집중
- CAP Rate: 5~6%, ROI: 8~10%

🇺🇸 라스베이거스 : 방문자 및 컨벤션 시장

- 관광 중심 경제로 단기 임대와 호텔 시장이 활성화
- 낮은 세율과 높은 단기 수익 가능

- CAP Rate: 6.5~7.2%, ROI: 9~12%

🇺🇸 샬롯 : 18시간 도시 시장

- 금융 중심지로 안정적인 고용과 젊은 인구 증가
- 주택 및 상업 부동산의 수요가 꾸준히 증가
- CAP Rate: 약 5.5%, ROI: 8~10%

🇺🇸 샌디에이고 : 확립된 시장

- 기술 및 의료 중심지로 안정적이고 장기적인 투자처
- 아시아와 유럽 투자자들의 주요 투자 선호 지역
- CAP Rate: 약 4.5%, ROI: 7~9%

🇺🇸 디트로이트 : 백본 시장

- 도시 재개발 프로젝트로 부동산 가치 상승 가능
- 저렴한 초기 투자 비용
- CAP Rate: 약 7%, ROI: 10~12%

    2025년 투자 수익성이 좋은 상위 10개 지역 시장을 Cap Rate와 ROI를 기준으로 하여 분석하고 지역 시장 유형과 특성을 함께 정리해 보았다.

    244~245페이지의 도표를 통해 비교해 보면, 댈러스와 애틀

랜타는 미국 부동산 시장 유형에서 주목할 만한 마그넷 시장으로 분류되며 부분적으로 확립된 시장의 성격을 지니고 있는 도시들로 지속적인 성장이 두드러지는 안정적인 시장으로 분류된다. 두 도시는 지속적인 경제 성장과 인구 유입을 기반으로 안정성과 지속 가능한 성장을 모두 갖춘 지역으로 투자자들에게 주목할 만한 투자 지역이라고 볼 수 있다.

이제 Cap Rate와 ROI 분석을 통해 이 두 도시의 투자 기회와 특징을 구체적으로 살펴보자.

애틀랜타와 댈러스의 Cap Rate는 약 6%로, 확립된 시장의 도시인 샌디에이고의 Cap Rate인 4.5%와 백본 시장의 도시인 디트로이트의 Cap Rate인 약 7%와 비교해 볼 때, 투자의 수익과 위험 수준은 샌디에이고와 디트로이트의 중간 정도라고 볼 수 있을 것이다. Cap Rate가 낮다는 것은 투자로 환원되는 수익이 상대적으로 낮은 대신 안정적이며 부동산의 가격이 상대적으로 높은 지역임을 의미한다. 반면, Cap Rate가 높다는 것은 투자로 환원되는 수익이 상대적으로 높은 대신 안정성이 떨어지는 경향이 있지만 부동산의 가격이 상대적으로 저렴한 지역임을 의미한다. 이러한 측면에서 애틀랜타와 댈러스는 확립된 시장에 비해 부동산 가격이 상대적으로 저렴하면서도 백본 시장에 비해 안정성이 높은 지역으로 분류된다.

애틀랜타와 댈러스의 ROI를 비교해 보면, 댈러스는 8~10% 인 반면 애틀랜타는 9~11%로 나타나고 있다. 이를 통해 애틀랜타가 댈러스보다 초기 총투자 비용 대비 투자 수익이 더 높다는 것을 알 수 있다. 이는 두 가지로 해석될 수 있다.

첫째, 애틀랜타의 임대 수익이 상대적으로 높을 가능성이 있다. 이는 애틀랜타의 공실률이 더 낮거나, 임대료 상승률이 댈러스보다 빠른 경우일 것이다. 애틀랜타는 물류 중심지로, 지속적인 인구 유입과 고용 창출로 인해 임대 수요가 꾸준히 증가하고 있다. 특히 다양한 산업이 성장하면서 임대료 상승률이 댈러스보다 더 빠르게 나타날 수 있다. 이러한 임대 수익의 증가는 ROI를 높이는 요인이 될 수 있다.

둘째, 애틀랜타의 부동산 가격이 댈러스보다 낮아 초기 총투자 비용이 적게 소요되었을 가능성이다. 두 도시 모두 마그넷 시장으로 분류되며 빠른 경제 성장과 인구 유입이 특징이지만, 댈러스는 텍사스 내 주요 도시로 상대적으로 높은 부동산 가격대를 형성하고 있다. 반면, 애틀랜타는 상대적으로 저렴한 부동산 가격과 낮은 초기 투자 장벽이 낮은 편이라 접근성이 용이하다.

따라서, 애틀랜타와 댈러스는 비슷한 시장 위험과 성장 가능성을 가진 마그넷 시장으로 분류되지만, 애틀랜타가 댈러스보다 상대적으로 높은 임대 수익을 제공하거나 초기 총투자 비용이 더 낮은 시장이라는 점을 기준으로, 투자 수익 면에서는 애틀랜타가 더 유리한 것으로 보인다. 쉽게 말하면, 두 도시의 Cap Rate는 약 6%로 거의 동일한 비율로, 투자 위험과 수익 환원 수준이 비슷하다는 것을 나타낸다. 그러나 ROI를 기준으로 보면, 애틀랜타는 댈러스보다 높은 투자 수익률을 제공한다고 볼 수 있다. 이는 애틀랜타가 댈러스보다 부동산 가격 대비 임대 수익이 높거나 초기 투자 비용이 더 낮은 것으로 해석된다.

애틀랜타와 샌디에이고를 비교해 보자. 애틀랜타의 Cap Rate는 약 6%로 샌디에이고의 Cap Rate인 4.5%와 비교했을 때 투자 수익률이 더 높을 가능성을 보여준다. 이는 애틀랜타의 부동산 가격이 상대적으로 저렴하다는 점과, 샌디에이고의 부동산이 더 높은 가치와 안정성을 가진 시장임을 나타낸다.

ROI를 비교해 보면, 애틀랜타는 9~11%로 샌디에이고의 7~9%보다 더 높은 투자 수익률을 나타낸다. 이는 애틀랜타의 부동산 가격과 초기 투자 비용이 샌디에이고 보다 낮아, 상대적으로 높은 ROI를 제공하는 것이다. 반면, 샌디에이고는 고물가 지역으로 부동산 가격과 임대료가 모두 높지만, 초기 총투자 비용이 많이 들어 ROI가 낮아지는 경향이 있다.

결론적으로, 애틀랜타는 초기 투자 비용이 낮고 임대 수익률이 안정적으로 높아 ROI에서 더 유리하다. 반면, 샌디에이고는 안정성과 장기적인 자산 가치 상승을 선호하는 투자자들에게 더 적합한 시장이라 할 수 있다.

주로 고물가, 고비용 지역인 확립된 시장의 도시들의 경우는 현금흐름에 중점을 두는 투자보다는 장기적인 자산 가치 상승에 의한 자본 이익에 중점을 두는 경우가 많다. 반면 상대적으로 저물가, 저비용의 지역인 마그넷 시장이나 니치 시장의 일부 도시들은 현금흐름에 중점을 두는 경우가 많다.

정리하면, 확립된 시장은 자산 가치 상승에 중점을 둔 투자가 적합하며, 안정성을 추구하는 투자자들에게 적합하다. 반면, 마그넷 시장과 일부 니치 시장은 현금흐름에 중점을 둔 투자자들에게 더 적합하다. 댈러스와 애틀랜타는 이러한 마그넷 시장의 특징을 넘어(일부 확립된 시장의 특징을 가지고 있음) 안정적이고 장기적인 자산 가치 상승과 더불어 좋은 현금흐름을 기대할 수 있는 시장으로 평가된다.

Cap Rate와 ROI는 부동산 투자 수익성을 평가하는 데 있어 중요한 지표로, 지역 시장을 비교하고 투자 의사 결정을 내리는 데 유용하다. 그러나 이들 지표는 시장 상황과 부동산 유형에 따라 변동성이 있을 수 있어 신중한 분석이 필요하다. 투자 지역을 선정하기 전에, 지역별 기후 조건, 보험료에 따른 추가 비용, 그리고 자연재해 리스크 등을 고려하여 잠재적 위험 요소를 분석하는 것이 중요하다.

특히, 트럼프 2.0 시대에 예상되는 경제 및 세금 정책, 에너지 정책, 관세 정책 등 거시적인 변화는 미국 부동산 시장에 큰 영향을 미칠 가능성이 있다. 또한, 글로벌 경제의 불확실성, 달러의 강세와 약세, 금리 변화와 같은 외부 변수 역시 지역 시장의 수익성과 안정성에 영향을 줄 수 있다. 따라서, 투자자들은 이러한 거시적 요인들을 면밀히 관찰하고 이를 투자 전략에 반영해야 한다. 또한 지역별 시장 보고서와 최신 데이터를 활용하여 시장 트렌드와 수익성을 지속적으로 검토하는 것이 필요하다. 이러한 다양한 요인들을 고려하여 투자 지역을 선정한다면, 안정적이고 효과적인 투자 전략을 수립할 수 있을 것이다.

다음 도표는 투자자들이 주목할 2025년 투자 수익성이 좋은 상위 10개 지역 시장 분석을 쉽게 비교할 수 있도록 정리한 자료이다.

이 도표는 단순히 투자 수익성만을 기준으로 선정된 것이 아니다. 다양한 미국 부동산 시장 유형, 인구 증가율, 산업 성장, 그리고 국제 투자자들의 선호도와 같은 지역별 특성을 종합적으로 고려하여 작성되었다. 이를 통해 투자자들이 안정적인 현금흐름을 확보함과 동시에 장기적인 자산 가치 상승까지 기대할 수 있는 최적의 투자 지역을 선정하는 데 도움이 되기를 바란다.

2025년 투자 수익성이 좋은 상위 10개 지역 시장 분석

지역	특징	CAP Rate	ROI
댈러스, TX 마그넷 시장 + 확립된 시장	인구 증가, 산업 다양성(IT, 물류, 에너지), 멕시코 및 아시아 투자자 관심	약 6%	8~10%
마이애미, FL 방문자 및 컨벤션 시장	관광 산업 활성화, 라틴 아메리카·캐나다 투자 선호, 단기 임대 수익률 높음	약 5~6%	8~12%
애틀랜타, GA 마그넷 시장+확립된 시장	물류 허브, 다양한 산업 기반, 인구 증가 및 고용 창출 아시아 투자자 증가	약 6%	9~11%
피닉스, AZ 마그넷 시장	은퇴자·젊은 세대 유입, 저렴한 초기 투자 비용, 높은 수익률	약 6~6.8%	8~10%
오스틴, TX 슈퍼노바 시장	기술 산업 중심, 고소득층 및 스타트업 유입, 고급 부동산 수요 증가	약 5.5%	8~9%
탬파, FL 마그넷 시장	은퇴자 및 관광객 시장, 안정적인 임대 수익 보장, 투자 접근성 우수	약 5~6%	8~10%
라스베가스, NV 방문자 및 컨벤션 시장	단기 임대 및 호텔 시장 활성화, 관광 중심 경제, 낮은 세율	약 6.5~7.2%	9~12%
샬롯, NC 18시간 도시 시장	금융 중심지, 젊은 인구 유입, 상업용 및 주거용 부동산 수익 증가	약 5.5%	8~10%
샌디에이고, CA 확립된 시장	기술 및 의료 산업 중심, 외국인 투자자 선호, 장기적인 안정성 제공	약 4.5%	7~9%
디트로이트, MI 백본 시장	도시 재생 프로젝트, 초기 투자 비용 낮음, 높은 임대 수익 가능	약 7%	10~12%

출처: Turnkey Global Realty

# U.S. REAL ESTATE TREND 2025

에필로그

트럼프 2.0 시대,
새로운 사이클의 기회를 선점하라!

2025년, 미국 부동산 시장은 새로운 사이클을 맞이하고 있다. 금리, 공급, 정책 변화, 글로벌 자본 이동이라는 네 가지 중요한 요소가 2025년 미국 부동산 시장을 움직이게 할 것으로 예상된다. 특히 트럼프 2기 행정부의 규제 완화와 감세 정책은 미국 부동산 시장에 새로운 기회를 열어줄 것으로 보인다.

2024년, 미국 부동산 시장은 높은 금리와 공급부족으로 인해 위축되었고, 상업용 부동산의 일부 유형들은 공실 증가와 대출 부담으로 큰 어려움을 겪었다. 하지만 2025년에는 연준의 금리 인하 가능성과 트럼프 2기 행정부의 친기업 정책이 경제 회복을 이끌 것으로 예상된다. 이는 미국 부동산 시장의 활력을 되찾고 투자 기회를 확대하는 계기가 될 것이다.

이 책을 통해 우리는 2024년 미국 부동산 시장의 주요 이슈를 돌아보고, 2025년 시장이 어떻게 변할지를 전망했다. 미국 주택시장의 공급과 금리 변화가 가격에 어떤 영향을 미칠지, 상업용 부동산 시장이 유형별로 어떤 사이클에 진입할 것인지, 글로벌 투자자들이 어떤 지역 시장과 부동산 유형에 주목할 것인지, 트럼프 2기 행정부의 정책이 미국 부동산 시장에 미칠 영향은 무엇인지, 그리고 2025년 미국 부동산 시장에서 주목해야 하는 투자 지역은 어디인지 심층적으로 분석했다.

결국, 2025년 미국 부동산 시장에서 가장 중요한 것은 새로운 사이클의 변화를 읽고 기회를 선점하는 것이다. 따라서 트럼프 2.0 시대에 맞춰 미국 부동산 시장의 미래를 예측하고 전략적으로 접근해야 할 것이다. 이 책이 새로운 사이클의 기회를 선점하기 원하는 이들에게 미래를 바라보는 새로운 시각을 가지고 올바른 투자 결정을 내리는 데 도움이 되길 바란다.

미국 부동산 트렌드 2025

초판 1쇄 인쇄 ㅣ 2025년 3월 17일
초판 1쇄 발행 ㅣ 2025년 3월 25일

지은이 ㅣ 김효지

발행인 ㅣ 정병철
발행처 ㅣ ㈜이든하우스출판
등 록 ㅣ 2021년 5월 7일 제2021-000134호
투 자 ㅣ 김준수
자 문 ㅣ 장하일
디자인 ㅣ 스튜디오41

주 소 ㅣ 서울시 마포구 양화로 133 서교타워 1201호
전 화 ㅣ 02-323-1410
팩 스 ㅣ 02-6499-1411
이메일 ㅣ jbc072@naver.com
ISBN ㅣ 979-11-94353-19-5 (03320)

ⓒ 김효지, 2025

* 잘못된 책은 구입하신 곳에서 바꿔드립니다.
* 이 책은 저작권법에 의하여 보호를 받는 저작물이므로 무단 전재와 복제를 금합니다.
  이 책 내용의 전부 또는 일부를 이용하려면 반드시 저작권자와 ㈜이든하우스출판의 서면 동의를 받아야 합니다.

㈜이든하우스출판은 여러분의 소중한 원고를 기다립니다.
책에 대한 아이디어와 원고가 있다면 메일 주소 jbc072@naver.com로 보내주세요.